위기상황
행동대응
매뉴얼

**위기상황
행동대응
매뉴얼**

초판 1쇄 발행   2024. 8. 30.

지은이   김용갑
펴낸이   김병호
펴낸곳   주식회사 바른북스

편집진행   김재영
디자인   양헌경

등록   2019년 4월 3일 제2019-000040호
주소   서울시 성동구 연무장5길 9-16, 301호 (성수동2가, 블루스톤타워)
대표전화   070-7857-9719 | **경영지원**   02-3409-9719 | **팩스**   070-7610-9820

•바른북스는 여러분의 다양한 아이디어와 원고 투고를 설레는 마음으로 기다리고 있습니다.
이메일   barunbooks21@naver.com | **원고투고**   barunbooks21@naver.com
홈페이지   www.barunbooks.com | **공식 블로그**   blog.naver.com/barunbooks7
공식 포스트   post.naver.com/barunbooks7 | **페이스북**   facebook.com/barunbooks7

ⓒ 김용갑, 2024
ISBN 979-11-7263-115-4 13690

•파본이나 잘못된 책은 구입하신 곳에서 교환해드립니다.
•이 책은 저작권법에 따라 보호를 받는 저작물이므로 무단전재 및 복제를 금지하며,
  이 책 내용의 전부 및 일부를 이용하려면 반드시 저작권자와 도서출판 바른북스의 서면동의를 받아야 합니다.

ACTION RESPONSE
MANUAL FOR
CRISIS SITUATIONS

위기상황
행동대응 매뉴얼

김용갑
지음

**일반인, 정신보건 의료인, 보호사, 특수학교 교사, 행동치료사, 경찰, 경비,
119구급대원, 스포츠안전관리사, 사회복지사, 특사경** 등의 **안전을 위한**

바른북스

《위기상황 행동대응 매뉴얼》을 읽고…

　사회가 발달해 감에 따라 사람들 사이의 직접적인 교류가 줄어들고, 인터넷 등 다양한 통신망에 의존하는 세상이 되었습니다. 저의 어렸을 때만 생각해도 친구들과 어울려 놀 수 있는 시간이 많았고, 그만큼 사람과 사람 사이의 소통이 많았다고 생각합니다.
　그러나 요즘에는 어린 학생들도 모두 사교육에 내몰려서 사람 사는 맛을 느끼지 못하는 세상이 되었고, 이로 인해 더불어 살아가는 세상이라는 의미가 퇴색되고 있습니다. 대한민국의 경쟁적인 사회상이 인간적인 발달을 지연시키는 요인이 될 수도 있다고 생각됩니다.

　거의 모든 사람들이 핸드폰을 가지고 있고, 이것을 통해 많이 정보를 얻고 이해합니다. 자극적인 내용도 범람하는 것이 요즘 현실입니다.

　사람은 누구나 태어나면 사람과의 사이에서 자라고 성장합니다. 어려서는 부모님을 비롯한 많이 친인척분들, 조금 크면 선생님을 비롯한 많은 동급생들, 성인이 되면 어떤 사회에 있던 외톨이가 되지 않는 이상, 타인과의 인간관계를 맺어야 하고, 이해의 폭을 넓혀야 합니다.

예전에 비해 자살률이 현저히 늘어가고 있는 것도 현재 대한민국의 사회상입니다.

그만큼 정신적으로 불안정한 사람들이 늘어나고 있다는 것입니다.

모든 성인들은 사회생활을 하고 일정 수입을 창출하기 위해서는 반드시 타인과 인간관계를 형성해야 하는데, 여기서 다양한 이벤트가 생깁니다. 가벼운 실랑이부터 심한 몸싸움까지, 그리고 예상치 못하게 해코지 당하는 일까지…

이런 상황에서 모든 개인들은 자신을 보호하기 위한 최소한의 수단을 알아야 한다고 생각합니다. 《위기상황 행동대응 매뉴얼》은 보건 의료인, 경찰, 119구조대원 등 특수업무를 행하시는 분들 외에 일반인들도 알아보기 쉽게 설명되어 있어 자신을 보호하기 위한 최소한이자 최선의 방책이 되리라 생각됩니다.

이 책을 참고해서 자신을 보호하고 타인을 보호할 수 있기를 바랍니다.

루카스건강검진센터 루카스 내과
소화기내과분과 전문의 의학박사
대표 원장 송해정
2024. 7. 8.

지금은 초등학교라고 하지만 제 어릴 적에는 국민학교라 부르던 그 시절, 2교시가 끝나면 중간놀이시간이라 해서 모두 운동장에 모여 국민체조를 했었습니다. 어린 시절부터 운동을 즐겼던 편이라 시골 읍내에서 태어났지만 도시로 가서 다양한 스포츠를 즐기면서 자라왔는데 몸과 마음의 기운이 약해지는 시기에 와서 보니, 어린 시절 배워두었던 운동들이 얼마나 고마운지… 어릴 땐 그냥 했던 것들이 몸이 약해지는 지금에 와서야 진정한 쓰임새를 알아가는 것 같습니다. 육십이 넘은 지금은 하루라도 유연성 운동을 거르고 넘어가면 당장 힘이 들다 느끼니 '세월 앞에 장사 없다'는 옛 어르신들의 말씀을 새삼 깨닫게 됩니다. 살아가는 동안에 남에게 도움을 줄 수는 있어도, 받으면 안 된다는 생각으로 살아왔지만 시간이 흐를수록 혼자만의 생각과 힘으로는 어렵다는 것을 더욱 느껴가고 있을 즈음, 김용갑 관장님의 《위기상황 행동대응 매뉴얼》이라는 책을 보고는 '이 책이야말로 자리이타(自利利他)의 함께 이로움을 주고받을 수 있는 고마운 책이구나' 하는 생각이 들었습니다.

세상을 혼자 살아갈 수 없듯이 관계와 관계 속에서 모두가 귀중함을 알아가고 있던 즈음에 만난 가뭄에 단비 같은 책이라고 할까…

다가오는 내일 일어날 일들을 우리들은 모른 채 살아가고 있습니다. 지금의 내가 내일엔 네가 되고 지금의 네가 내일엔 내가 될 수 있다는 사실을… 주어진 지금 자리이타(自利利他)의 정신으로 열심히 살아가기를 바라며 여러 사람들이 함께 이로움을 주고받을 수 있는 처치법을 많은 이와 공유하게 해주신 김용갑 관장님께 고마움을 올립니다.

대한불교 조계종 영은사
주지 혜종(書)
2024. 7. 22.

추천사

　아는 것과 가르치는 것은 다른 것 같습니다.
　지식·이론만으로는 가르치는 것에 한계가 있고, 더군다나 신체에 대한 물리력을 행사하면서 상대방과 자신을 함께 보호해야 하는 상황에서는 더욱 그런 것 같습니다.

　저자이신 김용갑 전 나주경찰서 수사과장(현 상무관 태권도 관장)님은 전남경찰청 무도 사범으로 계시면서 경찰관들에게 현장에서 범인을 검거하는 과정에서 범인과 경찰관 상호 안전을 확보할 수 있는 호신·체포술을 가르쳤고, 수사통으로 수많은 범인을 체포·검거하여 실전으로 얻은 노하우와 수사과장님으로 재직 당시에는 수사기법 전수와 법률검토, 범인의 체포·검거를 지휘했던 경험들로 이론과 실전을 두루 갖추셨다고 감히 말씀드리고 싶습니다.

　저 또한 경찰관으로서 현직에 있으면서 갑작스러운 공격으로 위험에 노출된 적이 여러 번 있었고, 주변에서도 가끔씩 불의의 피습으로 안타까운 소식을 접하곤 합니다. 최근에도 흉기 피습으로 경찰관들이 중상을 당한 사건이 있었습니다.

갑작스러운 공격에 자신의 신체보호가 최우선이겠지만, 상대방을 안전하게 제압하는 것 또한 필요합니다. 상대방이 다치기라도 했을 때는 소송에 휘말리기 십상이기 때문에 위험한 상황에서도 오죽하면 '권총은 쏘는 게 아니라 던지기 위한 것이다'라는 우스갯소리까지 생겼을까요… 그리고 이 책을 필요로 하는 분들은 대상자 대부분이 책임능력이 결여되거나 부족한 사람들을 상대로 하기 때문에 대상자의 안전한 제압 또한 더욱 중요하게 인식되어야 할 것입니다.

이러한 상황에 과장님께서 《위기상황 행동대응 매뉴얼》을 출간하여 경찰 후배로서 이젠 현장에서 그의 가르침을 받을 수 없지만 책을 통하여 그를 만날 수 있다니 반가울 따름입니다.

논어의 한 구절을 인용하고 이 글을 마치려고 합니다.

'학이시습지불역열호(學而時不亦說乎)', '배우고 때때로 익히면 또한 기쁘지 아니한가?'라는 뜻입니다. 아무리 좋은 글과 가르침이라도 자신이 배우지 않으면 안 됩니다.

특히나 몸으로 익혀야 하는 경우에는 더욱 그렇습니다. 배우고 때때로 익혀 기쁨뿐만 아니라 나와 사회가 보호해 줘야 할 이들의 안전을 서로 보호해 주면 더욱 기쁘지 않을까 하는 생각이 듭니다.

과장님 도전에 열렬한 지지와 응원을 보냅니다.

전남경찰청 112 치안종합 상황실
경정 이희철
2024. 7. 23.

발간사

　정신보건 의료인 및 특수학교 교사, 행동치료사, 보호사, 사회복지사 등이 상담·치료·이동·교육수업 과정에서 갑작스럽고 예상치 못한 위기에 대응할 수 있는 매뉴얼 부재로, 위기상황 발생 시 혼자 보호할 수밖에 없어 심적 불안감의 연속된 환경에서 근무하고 있는 현실일 뿐만 아니라 상황에 따른 처리 이후 환자 가족 등에 의한 민원제기 우려까지 혼자 대응해야 되는 심적 부담까지 해결해야 되는 것이 현실이다. 이와 같은 현실은 비단 의료인들만의 근무 환경이 아니라 특수학교 교사, 행동치료사, 보호사, 경찰, 경호경비업 종사자, 119구급대원, 민원부서 근무자, 민간인 등을 포함한 모든 일반적인 영역에 해당된다.

주목해야 될 점은 이미 폭력을 경험한 피해자 다수가 심한 스트레스로 인한 사기 저하와 불안감이 공포심을 넘어 사람과의 사이에 부정적 영향으로 작용되는 점에 비추어 보면 결국 각자의 직업적 서비스가 저하될 수밖에 없는 것이 현실이다. 이를 해결하기 위해서는 스스로를 보호할 수 있는 안전대책이 필요하다. 사회구조의 급변화로 받는 스트레스와 정신적 요인에 의한 정서적·감정적 흥분으로 표출되는 사례 발생은 사회적 불안감으로 작용되고 있다.

위와 같은 공격행동으로 인한 위기 대상자 발견 시 안전을 확보하고 대상자가 안정을 찾을 때까지 보호할 수 있는 행동대응 교육과 신체기술 훈련이 필요함을 경찰 공무원으로 근무하면서 신고출동 현장과 폭력현장, 범인체포 과정에서 느끼게 되었고, 나주경찰서 수사과장으로 경찰 공직생활 30년을 마치고 정년퇴임 이후 위기상황 행동대응 신체기술을 개발하여 광주 성요한병원 정신과 의료진들과 전국 정신보건 영역의 의료인들을 대상으로 상담, 치료, 이동 과정에서 대화로 이야기하기보다 분노 혹은 공격행동의 형태로 분출시키는 액팅 아웃(Acting Out) 발생 시 의료진과 대상자의 안전 확보를 위해 신체훈련을 통한 안정화 실기 세미나를 실시하였다.

필자는 경찰관 재직 당시 경찰무도사범으로서 호신체포술을 지도한 경험과 수사 형사로서 실제 범인을 체포하는 현장에서 경험한 위기상황에 대처한 실전 경험을 기초로 스스로를 보호할 수 있는 실전 호신술 보급과 성인태권도 활성화를 위해 상무관을 개관하였다. 이후 의료인과 대상자의 안전 확보를 위해 개발한 위기상황에 대처할 수 있는 행동대응 신체기술을 2023년 2월경부터 전국 국립병원과 정신보건의료 근무자 및 한국정신사회재활협회가 주관하는 의료학술대회 등에 참석하여 안정화 교육을 실시하였다.

그 결과 참여한 의료인 모두 안전을 위해 꼭 필요한 신체훈련으로 지속적인 교육이 필요하다는 점에 깊은 공감을 하게 되었다.

그래서 보다 체계적이고 전문성 있는 교육을 하기 위해 실기 교본을 발행하여 의료 현장의 안전 표준을 구축하고, 의료 현장에서의 사고 예방을 위한 실질적인 기술과 지식을 전파하기 위해, 물리적 제압술과 관련된 최신 연구, 기술, 교육 방법에 대한 동작과 이론을 교본 책자를 통해 의료 종사자들에게 지속적인 학습 기회를 제공하기 위해 본 교재를 발간하게 되었다.

끝으로 본 책자는 전문 직업인들뿐만 아니라 일반 시민들 스스로의 안전과 대상자의 안전을 위해 개발된 위기상황에서 대처할 수 있는 행동대응 매뉴얼로, 기초적인 초급 단계 과정으로 구성되어 있으며 상황별로 꼭 필요한 상황에 맞추어져 있어 누구나 쉽게 동작을 이해하고 훈련할 수 있도록 구성되어 있다.

따라서 예상치 못한 돌발적 폭력으로부터 자신의 안전이 위협받을 때 또는 개입하지 않으면 2차적 피해가 예상될 때, 다른 사람의 안전이 침해

될 우려가 있을 때, 행동대응 신체기술을 통해 대상자가 다치지 않는 선에서 수행되어야 한다. 공격자와 대화를 통해 필요한 요구사항을 충분히 경청해 주며 공격자 스스로 안정을 되찾을 수 있는 동기를 제공해야 한다.

이 과정을 거치지 않고 공격행동을 하지 않았음에도 강제적 또는 강박 달성을 위해 사용해서는 안 된다. 위기상황 행동대응 신체기술은 자신과 공격자의 안전 확보를 위한 최후 수단으로 인권침해 없이 수행되어야 한다. 신체기술이 오히려 폭력적 대응으로 잘못 이해되지 않도록 매뉴얼의 핵심가치를 최우선으로 안정화 목적을 달성하는 데 있다.

김용갑 저

2024. 6. 20.

목차

- 추천사
- 발간사

제1장 위기상황 행동대응 신체훈련 필요성!

1) 인권과 안전 동시 보호 ········ 22
2) 위기상황 행동대응 매뉴얼 교육 목적 ········ 23
3) 위기 개입과 대응 ········ 23
4) 예방적 접근 및 조기 개입 ········ 24
5) 교육과 훈련 ········ 24
6) 지역사회 기반의 협력 ········ 25
7) 정신 건강 인식 개선 ········ 25
8) 인권 존중 ········ 25
9) 팀 억제 이동 시/고지 및 가족통보, 신체검사 기록작성 ········ 26

제2장 위기상황 행동대응 신체기술이란

1) 신체기술의 목적과 종류 ········ 31
   목적 · 31 | 물리적 억제 · 31 | 장비사용 억제 · 32
   약물학적 억제 · 32

2) 신체기술 사용수칙 ········ 32
   적법성 · 32 | 비례성 · 33 | 안전성 · 33 | 교육과 훈련 · 33

제3장 위기상황 '행동대응' 기본수칙

제1절 3대 기본수칙 · 36

1) 거리 ·· 36
2) 시선 ·· 37
3) 자세 ·· 37

제2절 3대 행동요령 · 38

1) 예리한 판단 ··· 38
2) 과감한 동작 ··· 38
3) 완벽한 제압 ··· 38

제3절 힘의 원리 이용 및 안정화 유도 · 39

1) 힘의 중심 이동원리 ·· 39
2) 작용과 반작용의 원리 ·· 39
3) 안정화 유도(팀 접근 시) ··· 40

제4절 윤리적 고려사항 · 40

조심해야 할 점 · 41

제4장 공격행동에 대한 위기 대처법

신체기술(Physical Skill) · 44

위험도가 있는 공격행동에 대한 응급처치 · 46

제5장 상황별 기술구성(Part 1.~Part 10.)

- **Part 1. 핵심가치/거리(Core Value/Distance)** ················ 52
  핵심가치(Core Value) · 52 | 거리(Distance) 중요성 · 53 |
  1:1 거리(Distance) 체험하기 · 54 |

- **Part 2. 막기 – 얼굴막기(Blocking)** ················ 56
  막기 기본동작 · 56
  - ❶ 바탕손 밀어막기 · 57
  - ❷ 팔꿈치 올려 얼굴막기 · 58
  - ❸ 양팔 헤쳐막기 · 59
  - ❹ 왼 손날 막기 · 60
  - ❺ 오른 손날 막기 · 61

● **Part 3. 응용동작 – 주먹으로 때릴 때(A Fist Attack)** ······ 63

막기 실전 응용동작 · 63

  ❶ 바탕손 밀어막기 – Part 2. 막기 기본동작 참조 · 63
  ❷ 팔꿈치 올려 얼굴막기 – Part 2. 막기 기본동작 참조 · 64
  ❸ 양팔 헤쳐막기 – Part 2. 막기 기본동작 참조 · 65
  ❹ 바탕손 밀어 옆막기 · 66
  ❺ 왼 손날 반대막기 – Part 2. 막기 기본동작 참조 · 67
  ❻ 오른 손날 반대막기 – Part 2. 막기 기본동작 참조 · 68

● **Part 4. 손목 풀려나기(Getting Wrist Released)** ············ 70

  ❶ 왼 앞서기 – 오른 손목 바로돌려 빼기 · 70
  ❷ 왼 앞서기 – 왼 손목 반대돌려 바깥빼기 · 71
  ❸ 오른 앞서기 – 손목 반대돌려 바로빼기 · 72

● **Part 5. 손목 잡혔을 때(When Grabbing Wrist)** ············· 74

왼 손목 잡혔을 때 · 74

  ❶ 손목 바로돌려 빼기 · 74
  ❷ 왼 손목 잡혔을 때 – 왼 앞서기 반대 손목 꺾어 밀어내기 · 75
  ❸ 왼 손목 반대돌려 – 양팔제압 · 76
  ❹ 왼손 맞잡기 – 반대 팔꿈치 올려빼기 · 77

오른 손목 잡혔을 때 · 78

  ❺ 오른 손목 돌려잡기 – 반대 어깨 밀어 제압 · 78
  ❻ 양 손목 추켜 잡혔을 때 – 중팔 돌려 제압 · 79

● **Part 6. 상황별 공격대응(Response to Attack by Situation)** 81

  ❶ 얼굴 정면(측면) 공격할 때 – 양 팔꿈치 올려 얼굴막기 · 81
  ❷ 발로 정면/무릎으로 찰 때 · 82
  ❸ 입으로 물려고 하거나/물렸을 때 · 83
  ❹ 멱살 잡혔을 때 · 84

(1) 몸돌려 빼기 • 84
　　　(2) 맞잡아 제압하기 • 85
　❺ 양손으로 목 조를 때 – 몸돌려 빼기 • 86
　❻ 어깨 잡혔을 때 – 중팔억제 • 87
　❼ 머리채 잡혔을 때 • 88
　　　(1) 앞 머리채 잡혔을 때 – 손목억제(1) • 88
　　　(2) 뒤 머리채 잡혔을 때 – 손목억제(2) • 89
　❽ 옆 목 조를 때 • 90
　　　(1) 몸통 밀어 제압 • 90
　　　(2) 겹 손목 밀어 억제 • 91
　　　(3) 맞잡아 풀려나기 • 92
　❾ 뒤에서 안을 때 • 93
　　　(1) 허리 밀어 넘기기 • 93
　　　(2) 양손 맞잡아 풀려나기 • 94
　❿ 앞에서 안을 때 • 95

● **Part 7. 개입하기(Intervention)** ············ 97

　❶ 개입하기 • 97
　　　(1) 경고를 무시하고 계속 공격할 때 • 97
　　　(2) 싸우려 할 때 • 98
　❷ 약간의 저항이 예상될 때 • 99
　　　(1) 양손 잡아 이동 • 99
　　　(2) 이동하지 않으려 할 때 • 100
　　　(3) 저항할 때 • 101
　❸ 의자 손잡이를 잡고 일어나지 않으려 할 때 • 102
　❹ 침대에 눕지 않고 저항할 때 • 103
　❺ 누워 일어나지 않으려 할 때 • 104
　❻ 앉은 채 땅바닥에 머리를 자해하려 할 때 • 105

● **Part 8. 2인 1조 팀 접근법(Team Approach)** ············ 107

❶ 2인 1조 위기대응팀 접근 방법 • 107
❷ 앉은 채 이동하지 않으려 저항할 때 • 109
❸ 누운 채 저항할 때 • 110
❹ 접근하여 억제하는 방법 • 111
   접근 방법 1. • 111
   접근 방법 2. • 112

● Part 9. 2인 1조 팀 억제 이동(Inhibitory Movement) … 114

2인 1조 팀 억제 이동(필수 6동작) • 114
팀 억제 이동 - 필수 6동작 • 115

❶ 양팔 잡기 • 115
❷ 중팔 걸어 잡기 • 116
❸ 팔꿈치 당겨 '손목 잡기' • 117
❹ 손목 걸어 잡기 • 118
❺ 중팔 어깨 걸어 잡기 • 119
❻ 양팔 '엇걸어 잡기' • 120

● Part 10. 특수상황(A Special Situation) …………………… 122

❶ 넘어졌을 때 • 122
❷ 목 조를 때 • 123
❸ 흉기로 정면 공격할 때 • 124
❹ 흉기(위험한 물건)로 정면에서 내려칠 때 • 125
❺ 흉기로 측면 공격할 때 • 126

- 수집자료 및 참고문헌
- [부록] 전국 병원 의료인 대상 안정화 신체기술 강의 세미나 및 자격증 취득 과정
    - 전국 병원 강의(모음 사진)
    - 세미나 및 자격증 취득 과정 안내

제1장

위기상황 행동대응 신체훈련 필요성!

위기상황 행동대응 신체훈련 필요성!

ACTION RESPONSE MANUAL FOR CRISIS SITUATIONS

1) 인권과 안전 동시 보호

《위기상황 행동대응 매뉴얼》은 일반인 및 의료인, 특수학교 교사, 행동치료사, 사회복지사, 경찰, 119구급대, 특별사법경찰(철도, 항공, 자치행정), 스포츠안전관리사 등 다양한 전문직업인들의 안전을 지킬 수 있는 점에서 매우 중요하다.

경찰은 112신고를 받고 발생된 폭력을 인지한 상황에서 출동하기 때문에 출동 단계부터 안전대책이 선행되지만 전문 직업에 종사하는 의료인, 특수학교 교사, 119구급대원, 민원실 근무자 등은 치료, 상담, 수업, 이동, 응급출동, 후송 과정 중 전혀 예상치 못한 폭력에 상시 노출되어 불안감이 가중되고, 심지어 폭력으로 인해 치명적인 부상까지 입는 사례가 발생하고 있다.

이런 위기상황에서도 자신의 안전보다 위기에 처한 대상자 개인의 안전을 우선으로 하고 있어 자신의 안전에 대해서는 대책이 없어 불안감이 가중되고 있는 실정이다.

대책으로 폭력 위기상황에 효과적으로 대응하고, 문제를 예방하며, 관련자들에게 적절한 지원과 서비스로 연계하는 역할을 수행할 수 있도록 '상대방의 공격 정도에 비례하는 기술', '현장 상황빈도에 따른 기술개발', '운동역학에 부합된 동작'으로 자신의 안전을 확보할 수 있는 위기상황에 따른 안전대책의 필요성이 요구된다.

2) 위기상황 행동대응 매뉴얼 교육 목적

위기상황 행동대응 신체기술은 흥분단계 고위험군 대상자를 상대로 매뉴얼에 적시된 유형별 신체기술을 효과적으로 적용하여 대상자가 안정을 되찾을 수 있도록 함께 돕는 데 목적이 있다.

3) 위기 개입과 대응

모든 직업 종사자 또는 민간인들은 위기상황에 처한 자신의 안전을 확보하는 최전선에 있다. 이들은 위기상황에서 안전하게 개입하고, 필요한 경우 경찰, 119 응급의료 서비스로 연결하는 역할을 한다. 이 과정에서 개인의 안전과 주변 사람들의 안전을 확보하는 데 노력해야 한다.

4) 예방적 접근 및 조기 개입

　예상치 못한 공격행동으로 인한 문제가 법적 문제로 확대되기 전에 조기에 개입하여 예방하는 역할을 한다. 이는 지역사회 내에서 안정망에 대한 인식을 높이고, 위험 신호를 조기에 식별하는 것이 중요하다.

5) 교육과 훈련

　치료, 상담, 수업, 이동 과정에서 돌발적인 위기에 대응할 수 있는 교육과 신체훈련은 반복적 연습을 통해 위기상황에서 몸이 반응할 수 있도록 기본동작과 개인 방어기법, 팀 억제술 등으로 이루어져 있다. 이는 위기상황에서 개인의 행동을 올바르게 해석하고 대처할 수 있는 자신감과 판단력을 키워줄 뿐만 아니라 신체적 물리력을 사용하기 전에 다른 대안을 모색할 수 있도록 돕는다.

6) 지역사회 기반의 협력

　서비스 제공자, 지역사회 단체, 복지 기관과 협력하여, 공격적 성향의 문제를 가진 개인이 적절한 지원과 치료를 받을 수 있도록 한다. 이러한 협력은 신체훈련에 따른 물리력에 의한 문제가 법적 문제로 비화되는 것을 방지하고, 개인이 지역사회 내에서 안전하고 건강하게 생활할 수 있도록 돕는다.

7) 정신 건강 인식 개선

　신체훈련을 통해 안전에 대한 사회적 인식을 개선하는 데 있어 정신 건강 치료를 받고 있는 대상자들을 이해하고 신체기술이 치료에 기여할 수 있도록 훈련되어야 한다. 이는 위기에 대응할 수 있는 신체기법에 대한 이해와 인식을 높이고, 정신 건강에 관련된 오해와 편견에 대한 인식 개선이 필요하다.

8) 인권 존중

　《위기상황 행동대응 매뉴얼》은 서로의 안전을 확보하는 것으로 무엇보다 상대방의 인권을 존중하는 것이 그 목적이다. 이를 통해 부당한 대우나 차별을 방지하기 위해 노력한다. 이는 모든 개인이 존엄성을 유지하며 적절한 지원을 받을 권리가 있음을 인식하는 것에서 출발한다.

9) 팀 억제 이동 시/고지 및 가족 통보, 신체검사 기록작성

❶ 통제에 따르지 않고 '위협적 행위'를 할 때

※ 3회 이상 통보, 설득에도 불응할 시

예) 계속 치료, 진료를 거부하시면 (안정화실, 치료실, 보호실, 대기실로) 억제 보호이동 조치하겠습니다(24시간 이내 가족통보).

예) 계속 업무를 방해하시면(보호실, 안정화실, 대기실로) 보호 억제 이동 조치하겠습니다(24시간 이내 가족통보).

❷ 위기상황으로 '긴급상황'일 때

예) 선 억제 보호이동 조치와 동시에(안정화실, 치료실, 보호실, 대기실로) 이동할 장소를 고지한다(12시간 이내 가족통보).

❸ 가족통보 및 기록작성 보관

- 통제에 따르지 않고 치료, 진료, 이동 거부 시: 고지불응 사실 및 억제 이동 장소에 대해 가족에게 24시간 이내 통보한다.
- 긴급상황일 때: 억제 이동 후 12시간 이내 가족에게 통보 억제일시, 장소 및 이유를 통보한다.
- 대상자 신체확인서(이상 유무) 작성, 보관한다.

제2장

위기상황 행동대응 신체 기술이란

위기상황 행동대응 신체기술이란

위기상황 행동대응 신체기술(Physical Skill)은 위기대응상황에서 개인의 행동을 안전하게 통제하기 위해 사용하는 물리적 또는 기계적 방법에 대해 단계별로 전문적인 트레이닝 또는 코칭을 받는 것을 말한다.

이러한 기술은 대상이 자신이나 타인에게 해를 끼칠 위험이 있을 때, 긴급하게 상황을 통제하고 안전을 확보하기 위해 적용된다. 억제기법의 사용은 매우 민감한 주제로 자격을 갖춘 전문지도자로부터 정확한 동작과 기법이 수행되어야 한다.

1) 신체기술의 목적과 종류

목적

정신보건 의료인, 경찰관, 보안요원, 특수학교 교사, 민원부서 근무자, 스포츠안전관리사, 신변보호사, 행동치료사 등이 공격행동에 의한 위기상황 발생 시 자신을 방어함과 동시에 공격자의 손, 팔, 다리 등 신체의 일부 움직임을 억제하였음에도, 흥분이 가라앉지 않을 시 일정한 장소까지 이동시키는 방법이다. 주로 예상치 못한 공격에 대응, 대상이 잡고 놔주지 않거나, 주저앉아 이동을 거부하며 공격행위 시, 또는 의자, 바닥, 난간대 등을 잡거나 자해를 하려 하거나 할 때 사용한다.

물리적 억제

정신보건의료인 포함 경찰관이나 보안요원이 공격 또는 위협, 업무를 방해하는 상대의 손, 팔, 다리 등 신체 일부의 움직임을 제한하여 이동 격리 조치를 하는 방법이다. 이는 주로 대상이 공격적인 행동으로 위급한 상황일 때 사용된다.

장비사용 억제

수갑, 다리쇠, 억압용 벨트 등 장비를 사용하여 대상의 움직임을 제한한다. 이러한 방법은 대상을 이송하거나, 의료적 처치가 필요한 경우에 사용될 수 있다.

약물학적 억제

약물을 사용하여 대상의 행동을 통제하는 방법으로, 주로 의료 및 정신건강 시설에서 사용된다. 화학적 억압은 의사의 처방에 따라 실시되어야 한다.

2) 신체기술 사용 수칙

적법성

공격행동이나 위험한 물건 소지 위협 또는 자해 등으로 인해 억제하지 않을 시 대상자 및 제3자의 신체에 위험이 발생할 위급한 상황에 안전을 목적으로 수행하여야 한다.

비례성

사용되는 제압 수준은 상황에 비례해야 하며, 목적을 달성하기 위한 최소한의 수준에서 이루어져야 한다.

안전성

억제기법을 사용할 때는 대상의 신체적, 정신적 안전을 최대한 보장해야 한다. 불필요한 해를 끼치지 않도록 인권침해가 발생하지 않도록 주의해야 한다.

교육과 훈련

억제기법은 전문자격 소지자 또는 관련 분야에서 근무한 경험이 있는 경력자로부터 교육을 받아야 하며, 동작에 있어 신체 급소 관절 등 단계별 압력을 주는 동작인 만큼 완벽한 기술을 적용할 수 있을 때까지 반복 교육을 통해 상황을 올바르게 대처할 수 있도록 반복 숙달 한다.

제3장

위기상황 '행동대응' 기본수칙

위기상황 '행동대응' 기본수칙

제1절
3대 기본수칙

1) 거리

　상담, 치료, 이동 시 대상자와 거리를 1보 유지할 것인지, 2보를 유지할 것인지, 3보를 유지할 것인지 거리 유지는 매우 중요하다.

　※ 거리 유지가 상대방에게 공격적 신호로 받아들여지지 않도록 각별한 주의가 필요하다(대화와 소통을 하기 위한 거리 유지가 필요하다).

2) 시선

환자와의 시선 처리는 머리 중앙점을 기점으로 양어깨선까지 꼭짓점을 연결한 뒤 꼭짓점 모두가 내 시선에 들어오도록 넓게 확보한다.

※ 시선 유지는 머리를 중심으로 양어깨선까지 넓게 주시해야 한다.

3) 자세

방어와 제압이 가능한 서기 자세로 자연스럽게 상대방이 거부감을 느끼거나 불안한 감을 느끼지 않는 자세를 유지해야 한다.

※ 자치 잘못하면 상대방이 공격적 행위로 받아들일 수 있기 때문에 각별히 주의해야 한다.

제2절
3대 행동요령

1) 예리한 판단

　대상자의 말투, 행동, 표정을 깊게 관찰한 상태에서 심적 대비를 한 상태로 돌발적인 공격행동에 순간적으로 예리하게 대처할 수 있어야 한다.

2) 과감한 동작

　공격행동 시 주춤거리거나, 머뭇거리거나, 거리를 2보 이상 멀리하는 행위는 절대 금물이며, 자신감 있고 과감하게 기술을 구사하여야 한다.

3) 완벽한 제압

　순간 완벽한 제압이 되지 않은 상태에서는 필사적으로 저항하는 대상자를 제압하기 매우 어렵기 때문에 예리한 판단이 서면 과감한 동작으로 완벽한 제어가 이루어져야 한다.

제3절
힘의 원리 이용 및 안정화 유도

1) 힘의 중심 이동원리

자신의 중심을 유지하는 상태에서 상대방의 힘을 이용, 중심을 무너뜨릴 수 있는 힘의 원리를 이해하여야 한다.
예) 상대방이 내려치는 흉기를 수직으로 막아 저항(힘)을 정면으로 받는 것보다 내려치는 손을 회전시키는 원운동을 통해 상대방의 힘을 분산시켜 중심을 무너지게 한다.

2) 작용과 반작용의 원리

모든 작용에는 같은 크기의 정반대 작용점이 있다. 예를 들어 상대를 밀면 상대는 버티면서 밀리지 않으려고 하는 반작용이 생기는데 이를 이용, '밀면 당기고' '당기면 밀면서' 상대방 중심을 무너트리는 동작으로 작용과 반작용의 힘의 원리를 이해하고 반복적으로 훈련한다.

3) 안정화 유도(팀 접근 시)

실제 상황에서는 신체기술만으로 목적을 달성하려 해서는 안 된다.

목표하는 기술 이전에 2인 1조 이상 팀으로 접근하여 위급한 상황이 아니거나 긴급한 상황이 아니라고 판단될 시 상대방과 대화를 통하여 원인을 파악하고 흥분된 상대방의 심리적 상황을 파악하여 안정화를 유도하는 것이 가장 바람직한 방법이다.

제4절
윤리적 고려사항

신체기술에 따른 억제술의 사용은 윤리적 고려사항이 매우 중요하다. 대상의 인권과 존엄성을 존중하고, 가능한 한 비폭력적인 방법을 우선적으로 고려하여야 하나, 정도가 위협적으로 2차적 피해가 예상될 때 사용되어야 한다. 억제술 사용 후에는 평가와 모니터링을 통해 피해 여부 확인이 이루어져야 하며, 필요한 경우 심리적·정신적 치료지원이 제공되어야 한다.

조심해야 할 점

1. 대상자를 신체기술로 억제한 뒤 반드시 대상자와 대화를 통해 신체를 확인하여 기록하여야 한다.

2. 신체기술 동작 구성 자체가 힘을 역이용하여 인체관절의 각도와 방향을 일시적으로 제어하는 동작이므로 반드시 전문 트레이너를 통해 교육을 실시하여야 한다.

3. 신체적 운동역학 원리에 따른 관절을 제어하거나 앉게 하거나 눕히는 과정에서 상대방과 의사소통을 하면서 실시하여야 한다.

4. 특히 대상자를 눕힐 때 기도확보를 확인하고 관절의 이상 유무를 확인하며 저항하는 힘 이상의 물리력을 행사해서는 안 된다.

제4장

공격행동에 대한 위기 대처법

제4장

ACTION RESPONSE MANUAL FOR CRISIS SITUATIONS

공격행동에 대한 위기 대처법

신체기술(Physical Skill)

- 신체기술의 효과적인 실시를 위하여

신체기술은 정신보건 의료 종사자, 특수학교 교사, 경찰, 신변보호사, 경호경비, 119구급대원, 사회복지사, 특사경, 스포츠 안전 관리사, 체육 관사범 등이 치료, 상담, 수업, 신고출동, 신변경호 업무 중 예상치 못한 공격행동에 대비 하여 자신의 안전과 대상자의 안전 확보를 위해 태권도 동작을 기초로 방어와 억제 동작을 상황에 따라 대응할 수 있는 기술로 구성 된 신체기술이다.

따라서 이 신체기술은 즉흥적으로 이루어져서는 안 되며 예상치 못한 공격적 행동에 대처할 다른 방법이 없을 때, 자신과 대상자의 안전을 확보하는 데 가장 효과적이라는 판단하에 실시되어야 한다.

(1) 중요한 것은 신체기술을 통해 공격적 행동을 하게 되면 신체기술에 따른 억제기법에 따라 다른 장소로 분리된다는 것이 자신의 공격적 행동에 대한 결과라는 사실을 스스로 느끼게 함으로써, 점차 공격행동을 덜할 수 있게 하는 효과를 얻는 것이다.

(2) 따라서 신체기술이 효과적이기 위해서는 다음의 몇 가지 요소가 필요하다.
   ○ 신체기술 이전의 상태가 어떤 상황이었는지 확인하여야 한다.
   ○ 만약에 신체기술 이전, 상담, 치료, 대화 과정에서 어떤 문제가 있었다면 그 문제에 대해서 대화로써 해결하여 안정화를 유도한다.
   ○ 신체기술은 가족 또는 주위사람들이 없는 상태에서 실시되어야 한다.
   ○ 신체기술 기술 실시 과정에 대한 관찰과 기록이 필요하다.
   ○ 신체기술 대상은 모든 사람들이 《위기상황 행동대응 매뉴얼》 기준에 따라, 동일하게 적용되어야 한다.

※ 이러한 요소가 지켜지지 않는다면 신체기술의 실행이 오히려 공격행동을 증가시키는 결과를 가져올 수도 있다.

(3) 신체기술 기법이 필요한 경우
   ○ 안전에 대한 위협으로 인해 다른 사람으로부터 분리시킬 필요가

있을 때
○ 공격행동의 원인이 주변 사람의 이목을 얻고자 할 때

※ **주의할 점!!**(공격행동 이전의 상황과 원인 확인)

정도가 심하다고 하여 원인과 상관없이 무조건 물리력 제어치료 기법을 실시하면 문제행동이 오히려 증가할 수 있다

○ 공격행동이 심각해지기 전의 '전조증상' 상태에서 중재가 우선되어야 한다.

(4) 신체기술을 실시하는 경우
 ○ 명확한 행동(자해, 공격, 파손행위 등)을 대상으로 한다.
 ○ 신체기술로 억제를 할 수밖에 없는 이유가 자신이 한 공격행동의 결과라는 점을 분명히 학습할 수 있어야 한다.
 ○ 신체기술에 따른 물리력 제어 기술은 대상자에게 위험이나 공포를 느끼게 하는 것이 목표가 아니다.

위험도가 있는 공격행동에 대한 응급처치

(1) 공격행동 시 당황하거나 겁먹은 표현을 해서는 안 된다. 거리 유지와 함께 방어 준비 이외 공격 자세를 취하지 않는다(상대방이 공격적 신호로 오해할 수 있는 동작이나 표현은 하지 않는다).

(2) 공격행동이 심할 때
- 대상자가 다치지 않도록 하여야 한다.
- 방어자(치료자)는 대상자의 공격행동을 막고 대상자 스스로 지치게 하거나 흥분, 분노가 가라앉을 때까지 공격행동을 방어하면서 받아준다.
  (단, 공격으로 자신이나 타인이 위험한 경우는 안전을 위해 신체기술을 이용한 물리력 억제치료기법을 실시한다.)
- 위기대응팀이 오기 전까지 다른 치료자의 도움을 요청하며 어떻게 대처할 것인지를 판단한다.
- 공격행동을 방어하는 동작이, 역으로 공격하는 듯한 행동을 보여서는 안 된다.
- 대상자(환자)가 안정화되면 안전한 곳으로 이동한다.

제5장

상황별 기술구성
(Part 1. ~ Part 10.)

	제목	구분	상황별 위기상황 행동대응 기술	페이지
1	기본 동작	PART 1.	■ 핵심가치 – 위기상황 행동대응 매뉴얼 ■ 거리의 중요 – 거리 체험하기	p.52
		PART 2.	■ 막기/기본자세 동작훈련	p.56
		PART 3.	■ 막기/응용동작(주먹 얼굴 공격)	p.63
		PART 4.	■ 손목 풀려나기	p.70
2	손목 방어	PART 5.	❶,❷,❸,❹ 왼 손목 잡혔을 때. ❺ 오른 손목 잡혔을 때. ❻ 양손 추켜 잡혔을 때.	p.74
3	상황별 공격대응	PART 6.	❶ 얼굴 공격할 때 ❷ 발로 찰 때/무릎으로 찰 때 ❸ 입으로 물려고 할 때/물렸을 때 ❹ 멱살 잡혔을 때 ❺ 양손으로 목조를 때 ❻ 어깨 잡혔을 때 ❼ 앞 머리채/뒤 머리채 잡혔을 때 ❽ 옆 목 조를 때 ❾ 뒤에서 안을 때 ❿ 앞에서 안을 때	p.81
4	개입 하기	PART 7.	❶ 공격하려 할 때/싸우려 할 때 ❷ 1) 약간 저항, 2) 이동거부, 3) 저항할 때 ❸ 의자 손잡이 잡고 일어나지 않을 때 ❹ 침대에 눕지 않고 저항할 때 ❺ 누워 일어나지 않을 때 ❻ 앉아서 머리 자해하려 할 때	p.97
5	팀 훈련	PART 8.	■ **팀 접근법**: 2인 1조, 3인 1조	p.107
		PART 9.	■ **팀 억제이동(필수동작 6개)**: 2인1조	p.114
6	특수상황	PART 10.	■ **특수상황**: 넘어졌을 때/흉기 방어	p.122
7	부록		■ **강의 모음**: 국립병원 등 강의 – 사진 모음 ■ **세미나 및 자격증 취득 과정** 　E-mail: ekwkqdk5331@naver.com/네이버 태권도 상무관 　Mobile: 010-3624-1225	p.130

Part 1
핵심가치/거리

Core Value/Distance

● 핵심가치(Core Value)

| 핵심가치 |

01 대상자 안전을 최우선으로 한다.

02 대상자 인권침해가 되지 않도록 최소화 안정적인 동작을 사용한다.

03 억제기술을 통해 대상자가 위기상황에서 안정을 되찾도록 돕는다.

04 억제를 통해 대상자에 대한 강박의 필요성을 최소 또는 차단한다.

위기상황 행동대응 매뉴얼이란

1. 위기상황에서의 거리 유지 방법, 막기, 풀려나기, 접근하기, 개입하기 1:1 대응법과 팀(2인 이상) 대응 기술을 연습할 수 있도록 되어 있다.
2. 대상자와 자신의 안전을 확보하기 위한 신체기술(A Physical Skill)이다.
3. 상황별로 위기를 설정하여 실제 상황 발생 시 당황하지 않고 자신과 대상자의 안전을 확보하는 훈련이다.
4. 신체기법을 통해 대상자의 흥분이 안정화될 때까지 기다려 주는 것이다.
5. 핵심은 신체기술을 통해 강박의 필요성을 차단 또는 최소화함으로써 핵심가치를 실현하는 데 있다.

● 거리(Distance) 중요성

MOVEMENT(움직임 설명)

STEP 1 위기상황 시 상대방과의 대응거리는 1보, 2보, 3보 거리 3단계로 분류할 수 있다(그림 사진 참조).

STEP 2 흉기 소지자와 거리는 약 5보 이상 거리 유지가 필요하다.
개활지에서는 거리가 멀수록 안전하다. 그러나 피할 수 있는 공간이 한정되어 있는 폐쇄 공간 또는 사무실 등에서는 흉기를 든 사람과 3보 이상 멀어지게 되면 억제 또는 통제하기가 힘들어 불안한 거리로 본다.

• 1:1 거리(Distance) 체험하기

1보 거리	2보 거리	3보 거리
직접 타격거리/억제거리	직접 방어 거리	통제불능 거리/불안한 거리

Distance Basic Position(거리 기본자세)

STEP 1 대상자와 1보 거리일 경우 타격 거리로 위험한 거리로 본다.

STEP 2 대상자와 2보 거리일 경우 방어 거리로 안전한 거리로 본다.

STEP 3 대상자와 3보 이상일 경우 통제 불능 거리로 불안한 거리로 본다.

한정된 공간에서는 3보 이상 거리를 주면 통제하기가 어려워진다.

※ 넓은 개활지에서 공격자와의 거리는 멀수록 안전하다.

Part 2
막기 - 얼굴막기

⬇

Blocking

● 막기 기본동작

1. 준비서기 자세
2. 오른발 1보 뒤로 이동하며 아래 바탕손 막기 자세
3. 뒤로 1보 이동하며 몸통 바탕손 막기
4. 오른발 1보 전진하며 헤쳐막기

Stance - Ready/Action (기본자세 설명)

STEP 1 기본 막기 자세는 '준비서기 자세'와 '헤쳐막기 자세'가 있다.

STEP 2 준비서기 자세에서 오른발을 1보 뒤로 이동하며 바탕손을 막는다.

STEP 3 뒤로 1보 이동(뒷발부터 슬립이동)하며 바탕손을 막는다.

STEP 4 상대방의 어깨높이에서 위에서 아래로 헤쳐 막는다.

(헤쳐 막기는 상대방의 양팔을 위에서 아래로 눌러 억제하는 동작이다)

※ 위기상황에서는 상대방이 긴장하지 않도록 헤쳐막기 자세를 취한다.

❶ 바탕손 밀어막기

1.
헤쳐막기 자세로 거리를 유지한다.

2.
뒤로 1보 이동하며 아래 바탕손 막기 자세를 유지한다.

3.
재공격 시 손 어깨높이로 몸통 바탕손 막기로 방어한다.

Stance - Ready/Action [자세, 준비, 동작 설명]

STEP 1 헤쳐막기 자세를 유지한 상태에서 상대방에게 긴장감이나 불안감을 줄 수 있는 경직된 동작을 취하면 안 된다. 시선은 머리부터 양어깨선까지 평온한 시선으로 넓게 주시한다.

STEP 2 공격 시 1보 뒤로 이동하며 방어 동작은 바탕손 막기로 상대방의 공격에 대비한다.

STEP 3 추가 공격 시 1보 뒤로 이동한다. 바탕손 막기의 양손 높이는 상대방의 어깨높이 정도를 유지한 상태로 공격을 방어한다.

❷ 팔꿈치 올려 얼굴막기

1. 헤쳐막기 자세에서 거리를 유지한다.
2. 왼 팔꿈치 올려 얼굴을 막는다.
3. 오른 팔꿈치를 올려 얼굴을 막는다.

MOVEMENT (움직임 설명)

STEP 1 방어자는 헤쳐막기 자세에서 거리 유지를 한다.
STEP 2 방어자는 왼 팔꿈치를 올려 얼굴을 막는다. 이때 팔꿈치는 상대방의 어깨를 향한다.
STEP 3 방어자는 오른 팔꿈치를 올려 얼굴을 막는다. 이때 팔꿈치는 상대방의 어깨를 향한다.

※ 양 팔꿈치 올려 얼굴막기(얼굴 가드)는 상담, 치료, 대화, 이동 중 예상치 못한 공격에서 중요 급소인 얼굴과 머리를 보호하는 동작이다.

❸ 양팔 헤쳐막기

1.
잡으려 들 때 양팔을
얼굴 높이에서 헤쳐 막는다.

2.
상대방 양손을 위에서 아래로
안듯이 양팔을 눌러 억제한다.

MOVEMENT (움직임 설명)

STEP 1 방어자의 얼굴 높이로 양손을 올려 공격자의 양팔을 안에서 밖으로 헤쳐 막는다. 이때 시선은 상대방 얼굴을 주시한다.
방어자의 머리는 상대방 얼굴 위치로 약간 숙이며 막는다.

STEP 2 방어자는 밀면서 위에서 아래로 안듯이 공격자의 양팔을 헤쳐 막는다. 방어자의 머리는 상대방 측면에 밀착시킨 상태에서 양팔과 머리를 억제한다.

❹ 왼 손날 막기

1. 왼 손날 얼굴 반대막기(왼발)

2. 왼 손날 비틀어 얼굴 바로막기(오른발)

MOVEMENT(움직임 설명)

STEP 1   왼 앞서기에서 왼 손날 막을 때/왼 손날 반대막기

STEP 2   오른 앞서기에서 왼 손날 막을 때/왼 손날 비틀어 바로막기

❺ 오른 손날 막기

1.
오른 손날 얼굴 반대막기(오른발)

2.
오른 손날 비틀어 얼굴 바로막기(왼발)

MOVEMENT(움직임 설명)

STEP 1   오른 앞서기에서 오른 손날로 막을 때/오른 손날 반대막기

STEP 2   왼 앞서기에서 오른 손날로 막을 때/오른 손날 바로막기

Part 3
응용동작 - 주먹으로 때릴 때

A Fist Attack

● 막기 실전 응용동작

❶ 바탕손 밀어막기 – Part 2. 막기 기본동작 참조

1. 준비: 거리/시선 → 바탕손 밀어막기 → 뒤로 이동 방어

1. 상대 공격행동에 대비한다.
2. 뒤로 이동하며 바탕손 밀어막기
3. 재공격 시 뒤로 이동 바탕손 밀어막기 – 경고

MOVEMENT (움직임 설명)

STEP 1 방어자는 헤쳐막기 자세로 공격자와 2보 거리를 유지한다. 시선은 머리를 중심으로 양어깨선까지 삼각형 구도를 유지한다.

STEP 2 공격할 때 화살표 방향과 같이 방어자는 바탕손 밀어막기 자세로 뒷발부터 1보 뒤로 이동하며 방어한다.

STEP 3 재차 접근 시 다시 1보 뒤로 이동하며 화살표와 같이 바탕손은 어깨 위치 높이로 방어한다(겁먹은 표정을 해서는 안 된다).

❷ 팔꿈치 올려 얼굴막기 – Part 2. 막기 기본동작 참조

1.
왼 팔꿈치
올려 막기

2.
오른 주먹 공격 시
왼 팔꿈치를 올려 막기

3.
왼 주먹 공격 시 오른 팔꿈치
올려 막으며 헤쳐막기 자세로
전환하며 양팔을 제압한다.

MOVEMENT (움직임 설명)

STEP 1 방어자는 왼 서기 자세로 왼 팔꿈치 올려 얼굴 막는다.

STEP 2 오른 주먹 공격할 때 방어자는 왼 팔꿈치 올려 얼굴 막는다.

STEP 3 재차 공격 시 방어자는 오른 팔꿈치 올려 막으며 헤쳐 막으며 공격자의 양팔을 억제한다.

❸ 양팔 헤쳐막기 – Part 2. 막기 기본동작 참조

1.
상대 공격에
바탕손 밀어 막는다.

2.
잡으려 들 때
바탕손 막기에서 밀어서
헤쳐막기로 내려 막는다.

3.
양손을 헤쳐막기로
내려 막으며 안듯이
양팔을 눌러 억제한다.

MOVEMENT (움직임 설명)

STEP 1 방어자는 바탕손 밀어막기 자세를 취한다.

STEP 2 양손으로 공격할 때 방어자는 바탕 손을 올려 헤쳐막기로 막는다. 이때 머리는 공격자의 얼굴 방향으로 약간 숙이며 막는다(공격자로부터 머리 공격 방지).

STEP 3 방어자는 공격자를 안듯이 양팔 위에서 아래로 헤쳐 막는다.
이때 방어자의 머리는 공격자 측면에 밀착시켜 양팔과 머리를 억제한다.

❹ 바탕손 밀어 옆막기

1.
상대 공격에 중심을
뒤로한다.

2.
왼손으로 상대 오른손,
오른손으로 상대 왼손 공격을
바탕손 옆 밀어막기로 막는다.

3.
상대 오른팔을 목 옆으로
밀착시키고 왼팔을
양손으로 당겨 억제한다.

MOVEMENT (움직임 설명)

STEP 1 방어자는 중심을 뒤로하며 가볍게 받아 막을 준비를 한다.

STEP 2 방어자의 오른손은 밖에서 안으로/왼손은 안에서 밖으로 양손을 동시에 옆으로 밀어 막는다.

STEP 3 공격자의 오른팔은 방어자의 오른쪽 어깨와 목으로 밀착한 상태에서 오른팔과 왼팔로 공격자의 왼팔을 감싸 억제한다.

❺ 왼 손날 반대막기 – Part 2. 막기 기본동작 참조

1.
왼 손날 반대막기

2.
오른손 거들어 막기

3.
막은 손 당겨 밀어내기

MOVEMENT(움직임 설명)

STEP 1 공격할 때 방어자는 왼 손날 반대막기를 한다.

STEP 2 방어자는 오른손 거들어막기를 하며 공격자의 팔을 당겨 돌리며 공격자의 방향을 측면 또는 뒤로 바꾼다.

STEP 3 방어자는 가볍게 상대방의 중팔을 잡고 반대 손으로 공격자의 등과 어깨를 밀어 이동시킨다.

❻ 오른 손날 반대막기 – Part 2. 막기 기본동작 참조

1. 오른 손날 반대막기
2. 막은 손날 누르며 돌려 내린다.
3. 양손 돌려 밀어낸다.

MOVEMENT (움직임 설명)

STEP 1 주먹으로 공격할 때 방어자는 오른 손날 반대막기를 한다.

STEP 2 화살표와 같이 방어자는 공격자의 오른 손날을 눌러 돌려막는다. 이 때 방어자의 왼손은 상대방 등을 밀어 방향을 뒤로 바꾼다.

STEP 3 방어자는 화살표 방향과 같이 가볍게 상대방의 등과 팔을 잡고 밀어 이동시킨다.

Part 4

손목 풀려나기

Getting Wrist Released

❶ 왼 앞서기 – 오른 손목 바로돌려 빼기

1.
오른 손끝 세워지르기 자세

2.
오른 손목 반대돌려 바로빼기

MOVEMENT (움직임 설명)

STEP 1   편히 서기 자세에서 오른편 손끝 찌르기 자세로 선다.

STEP 2   왼발 1보 내딛으며 오른손을 몸 안쪽으로 돌린다.

이때 왼 앞서기 자세에서 오른 손목을 몸 안쪽으로 돌려 바로돌려 빼기 자세를 한다.

❷ 왼 앞서기 – 왼 손목 반대돌려 바깥빼기

1. 왼 손끝 세워지르기 자세

2. 왼 손목 반대돌려 바깥빼기

MOVEMENT (움직임 설명)

STEP 1 편히서기 자세에서 왼편 손끝 찌르기 자세로 선다.

STEP 2 왼 서기에서 왼 손목 반대돌려 바깥빼기를 한다.

❸ 오른 앞서기 – 손목 반대돌려 바로빼기

1.
오른 손끝 세워지르기 자세

2.
오른손 바로돌려 빼기

MOVEMENT (움직임 설명)

STEP 1   편히서기 자세에서 오른편 손끝 찌르기 자세를 한다.
STEP 2   오른 앞서기에서 오른 손목을 몸 안쪽으로 돌리면서 오른 앞서기 손목 반대돌려 바로빼기를 한다.

Part 5
손목 잡혔을 때

When Grabbing Wrist

● 왼 손목 잡혔을 때

❶ 손목 바로돌려 빼기

1.
왼 손목 잡혔을 때

2.
왼 앞서기 반대돌려 빼기

MOVEMENT (움직임 설명)

STEP 1   공격자가 왼 손목을 잡았을 때 편히서기 자세를 취한다.

STEP 2   방어자는 1보 전진하며 왼 앞서기를 한다. 동시에 잡힌 왼손을 몸통 안으로 돌려 왼 손목 반대돌려 빼기로 풀려난다.

❷ 왼 손목 잡혔을 때 – 왼 앞서기 반대 손목 꺾어 밀어내기

1.
손목 잡혔을 때

2.
잡힌 손을 가슴 쪽으로
당기며 손등을 잡아
손목을 받쳐 잡는다.

3.
몸을 밀어
상대 손목을 제압한다.

MOVEMENT(움직임 설명)

STEP 1 방어자는 편히서기 자세를 취한다.

STEP 2 방어자는 왼발 1보 앞으로 이동하며 공격자가 잡은 왼손을 방어자의 가슴 앞으로 올린다. 이때 공격자의 팔꿈치가 굽혀지지 않아야 한다.

STEP 3 방어자는 공격자 방향으로 가슴 쪽에 밀착시킨 공격자의 손등을 밀며 풀려난다(이때 손으로 미는 것이 아니라 방어자의 상체 몸통으로 밀어낸다).

❸ 왼 손목 반대돌려 – 양팔제압

1.
중심을 유지한다.

2.
1보 내디뎌 왼 앞굽이 자세에서 반대 손목 돌려 잡는다.

3.
손목 바꿔 잡아 양손 제압, 이동한다.

MOVEMENT (움직임 설명)

STEP 1   방어자는 편히서기 자세에서 중심을 유지한다.

STEP 2   방어자는 1보 내디디며 왼 앞굽이와 동시에 왼손을 돌려 빼며 오른손으로 공격자의 손목을 잡는다.

STEP 3   방어자는 오른손으로 공격자의 오른 팔목을 잡아 몸통에 밀착하여 제압하고, 동시에 방어자의 왼손은 공격자의 등 뒤로 뻗어 공격자의 왼팔을 잡아 양팔을 동시에 억제하여 이동한다.

❹ 왼손 맞잡기 – 반대 팔꿈치 올려빼기

1.
중심을 유지한다.

2.
잡힌 손 발 1보 내디디며
잡힌 손 맞잡는다.

3.
맞잡은 손 '상대 가슴'으로 향한다.
이때 팔꿈치가 상대
가슴 높이를 유지한다.

MOVEMENT (움직임 설명)

STEP 1 방어자는 편히서기 자세에서 중심을 유지한다.

STEP 2 방어자는 잡힌 손발 1보 내디디며 반대 손으로 방어자의 잡힌 손바닥을 악수하듯이 맞잡는다.

STEP 3 방어자는 손을 맞잡아 당길 때 공격자의 가슴 쪽으로 방어자의 팔꿈치가 향하도록 당겨 뺀다.

● **오른 손목 잡혔을 때**

❺ **오른 손목 돌려잡기 – 반대 어깨 밀어 제압**

1. 중심을 유지한다.
2. 상대방 손목을 돌려 잡아 어깨 밀어 이동한다.
3. 상대방 어깨 잡아 밀어 이동한다.

MOVEMENT (움직임 설명)

STEP 1   방어자는 편히서기 자세에서 중심을 잡는다.

STEP 2   방어자는 잡힌 손목을 돌려 동시에 공격자의 손목을 되잡아 중심이 측면으로 이동하게 한다.

STEP 3   방어자는 오른 앞서기 자세에서 공격자의 손목을 반대잡기 자세로 어깨를 밀어 억제한다.

❻ 양 손목 추켜 잡혔을 때 – 중팔 돌려 제압

1.
상대방 공격에 대비한다.

2.
세운 손목을 가슴에 붙이며
밀고 1보 나가 손등을 잡는다.

3.
잡힌 손은 손등 잡아 돌려
제압한다.

MOVEMENT (움직임 설명)

STEP 1 방어자는 편히서기 자세로 중심을 유지한다.

STEP 2 사진 2와 같이 방어자는 1보 앞으로 이동하며 공격자의 손등을 감싸 잡는다.

STEP 3 방어자는 공격자의 팔(손등 눌러 잡은 팔)을 눌러 손목과 중팔을 감싸 잡아 억제한다.

Part 6
상황별 공격대응

Response to Attack by Situation

❶ 얼굴 정면(측면) 공격할 때 – 양 팔꿈치 올려 얼굴막기

※ 신체 중 치명적인 급소가 있는 곳은 얼굴(머리)이다. 공격행동으로 인한 위기상황에서 얼굴(머리)을 보호하는 것이 우선이 되어야 한다.

1. 왼 팔꿈치 올려 막는다.
2. 오른 팔꿈치 올려 막는다.
3. 양팔 헤쳐 막으며 팔 제압한다.

MOVEMENT(움직임 설명)

STEP 1 공격자가 오른 주먹으로 얼굴 타격할 때 방어자는 왼 팔꿈치를 올려 얼굴을 막아준다.

STEP 2 공격자가 왼 주먹으로 재차 공격할 때 방어자는 오른 팔꿈치를 올려 막아준다. 이때 자세는 양 팔꿈치 올려 막기가 되며 시선은 공격자를 주시하고, 양 팔꿈치는 공격자의 양어깨(가슴) 쪽을 향해야 한다.

STEP 3 방어자의 양 팔꿈치를 위에서 아래로 헤쳐 막아 공격자의 양팔을 감싸 억제한다.

❷ 발로 정면/무릎으로 찰 때

※ 가까운 거리에서 대화 또는 상담 중

1.
앞차기 공격을 엇걸어 막는다.

2.
무릎 공격을 엇걸어 막는다.

MOVEMENT(움직임 설명)

STEP 1 방어자는 공격자에게 거리를 주지 않은 상태에서 공격 시 엇걸어 막기(팔을 X자)로 공격하는 발을 가볍게 받아 막아준다.

STEP 2 공격자가 무릎으로 공격할 경우에도 방어자는 1번과 같은 자세로 무릎 위 대퇴근육(허벅지)을 엇걸어 막기로 받아 막아준다(발 공격 시 거리를 넓혀주면 안 된다).

❸ 입으로 물려고 하거나/물렸을 때

1.
물린 팔을 당기지 않는다.

2.
반대 팔로 상대방 뒷머리(목)을
감싸 앞으로 당겨 제어한다.

MOVEMENT (움직임 설명)

STEP 1 입으로 물려고 할 때, 공격자의 앞머리(어깨)를 강하게 밀쳐낸다.
STEP 2 입으로 물렸을 때, 방어자는 물린 팔을 뿌리치거나 당겨서는 안 된다.
STEP 3 방어자는 물리지 않은 반대 손으로 공격자의 뒷머리 또는 뒷목을 반대 팔로 감싸 물린 팔 쪽으로 당긴다(작용과 반작용의 힘 이용).

※ 공격자의 목을 감싸 잡을 수 없을 때, 물리지 않은 엄지손가락으로 귀밑(귀밑 1cm 아래) 급소를 누르며 풀려난다.

❹ 멱살 잡혔을 때

(1) 몸돌려 빼기

※ 힘으로 멱살 잡힌 손을 제압하려고 해서는 안 된다.

1.
힘으로 손을 제압하려
해서는 안 된다.

2.
왼발을 화살표 방향으로 1보
이동하며 양팔을 들어 올린다.

3.
양팔과 왼발을 화살표
방향으로 돌려 몸 틀어 뺀다.

MOVEMENT(움직임 설명)

STEP 1 방어자는 공격자의 손목을 힘으로 제압해서는 안 된다.

STEP 2 방어자는 양팔을 들어 화살표 방향과 같이 공격자의 몸 쪽으로 1보 이동한다.

STEP 3 방어자는 양팔과 왼발을 화살표 방향으로 몸통 돌려 풀려난다.

※ 양손으로 멱살 잡혔을 때, 동일한 동작

(2) 맞잡아 제압하기

1.
방어자세로
저항하지 않는다.

2.
왼팔을 가슴에 붙인다.

3.
오른팔을 상대 팔 밑으로
넣어 맞잡아 화살표와 같이
밀어 제압한다.

MOVEMENT(움직임 설명)

STEP 1 방어자는 공격자의 손목을 힘으로 제압해서는 안 된다.

STEP 2 방어자는 왼손을 공격자의 팔 밑으로 넣어 가슴에 붙인다.

STEP 3 방어자는 오른팔을 공격자의 팔꿈치 밑으로 넣은 다음 방어자의 왼손을 맞잡아 당기고 밀어 공격자의 손목과 팔꿈치를 감싸 억제한다.

❺ 양손으로 목 조를 때 – 몸돌려 빼기

※ 양손으로 멱살을 잡혔을 때 응용한다.

1. 어깨 올린다.

2. 몸 돌려 어깨 내려친다.

MOVEMENT (움직임 설명)

STEP 1   방어자는 목 조른 손을 힘으로 제압하려 해서는 안 된다.

STEP 2   공격자가 양손으로 목, 멱살을 잡았을 때, 방어자는 왼쪽, 오른쪽 어느 방향이든 상관없이 한쪽 팔 또는 양팔을 들어 몸돌려 빼기로 풀려난다.

STEP 3   방어자는 중심을 뒤쪽으로 이동하면서 팔을 들어 몸통을 돌려 풀려 나온다(양팔 들어 몸돌려 빼기도 가능하다).

❻ 어깨 잡혔을 때 – 중팔억제

※ 힘으로 손을 제압하려 해서는 안 된다.

1.
상대방 공격에 대비한다.

2.
머리 들려 어깨 눌러
잡아 밀어낸다.

3.
상대방 공격에 대비한다.

MOVEMENT(움직임 설명)

- **STEP 1**   방어자는 중심을 유지한다.
- **STEP 2**   방어자는 잡힌 손 어깨 밑으로 방어자의 목을 돌려 공격자의 손목을 잡는다.
- **STEP 3**   동시에 방어자는 반대 손으로 공격자의 중팔을 감싸 잡아 억제한다.

❼ 머리채 잡혔을 때

(1) 앞 머리채 잡혔을 때 - 손목억제(1)

1. 2차 공격에 대비한다.

2. 원 표시와 같이 겹손으로 손등을 눌러 잡고 화살표 방향으로 양방향으로 밀면서 누른다.

3. 머리 잡은 손목을 무릎 아래까지 눌러 제압한다.

MOVEMENT(움직임 설명)

STEP 1 방어자는 중심을 유지하며 자연스러운 자세를 유지한다.

STEP 2 방어자는 머리채를 잡은 손등을 원 표시와 같이 겹손(양손)으로 감싸 누르며 잡는다(손목을 잡아서는 안 된다).

STEP 3 방어자는 잡힌 손등을 겹손(양손)으로 눌러 잡고 동시에 잡힌 머리를 밀며 공격자 무릎 아래까지 당겨 누르며 손목을 감싸 제압한다.

(2) 뒤 머리채 잡혔을 때 - 손목억제(2)

※ 머리를 앞으로 당기며 제압하려 해서는 안 된다.

1. 자연스러운 자세를 유지한다.

2. 원 표시와 같이 겹손으로 손등을 감싸 눌러 잡는다.

3. 화살표 방향 몸 돌려 손목 관절 제압

MOVEMENT(움직임 설명)

STEP 1 방어자는 중심을 유지한다.

STEP 2 방어자는 뒤 머리채를 잡은 손등을 겹손(양손)으로 감싸 누르며 잡는다(이때 손목을 잡아서는 안 된다).

STEP 3 방어자는 잡힌 손등을 겹손(양손)으로 눌러 잡아 화살표 방향으로 순간 허리를 돌려 공격자의 손목을 제압하여 풀려난다.

❽ 옆 목 조를 때

(1) 몸통 밀어 제압

1.
중심을 뒤쪽에 둔다.

2.
화살표와 같이 팔과 다리를 상대 몸에 붙여 밀어 억제한다.

3.
화살표 방향으로 몸을 틀어 상대 중심을 밀어 억제한다.

MOVEMENT(움직임 설명)

- **STEP 1** 방어자는 중심을 뒤쪽에 둔다.
- **STEP 2** 방어자는 화살표 방향으로 팔과 다리를 공격자의 몸통과 뒷발목을 받친 상태에서 방어자의 팔을 공격자의 허리(몸통)에 걸친다.
- **STEP 3** 방어자는 화살표와 같이 공격자를 뒤쪽으로 중심을 이동하며 공격자의 몸통을 밀어 풀려나온다.

(2) 겹 손목 밀어 억제

1.
중심을 뒤쪽에 둔다.

2.
왼손으로 화살표와 같이
상대 턱을 밀어
공간을 확보한다.

3.
동시에 왼손과 겹손 하여
화살표와 같이 양방향으로
밀어 억제한다.

MOVEMENT(움직임 설명)

STEP 1   방어자는 중심을 뒤쪽에 둔다.

STEP 2   방어자는 왼손을 공격자의 턱에 밀착시켜 목 사이 공간을 확보한다.

STEP 3   방어자는 오른손을 뻗어 왼손 등 위에 겹손 자세로 화살표와 같이 양방향으로 겹 손목 밀기로 공격자를 밀어내며 풀려난다.

(3) 맞잡아 풀려나기

1.
상대 양손을 잡아 공간을
확보하여 손날을 걸어놓는다.

2.
동시에 반대 손으로 맞잡아
상대 화살표 양방향으로
압력을 가한다.

3.
화살표 양방향으로 압력을
가하여 풀려나온다.

MOVEMENT(움직임 설명)

STEP 1 방어자는 공격자가 목을 조르고 있는 양 손목을 방어자의 엄지로 밀어 공간을 확보하여 기도유지를 한 상태에서 확보된 공간으로 방어자의 손날을 넣는다.

STEP 2 방어자는 기도유지 공간으로 넣은 손날을 반대 손으로 마주 잡는다.

STEP 3 방어자는 마주 잡은 양 손날은 화살표 방향과 같이 밑으로 강하게 누르고 머리는 위로 강하게 밀며 풀려나온다.

❾ 뒤에서 안을 때

(1) 허리 밀어 넘기기

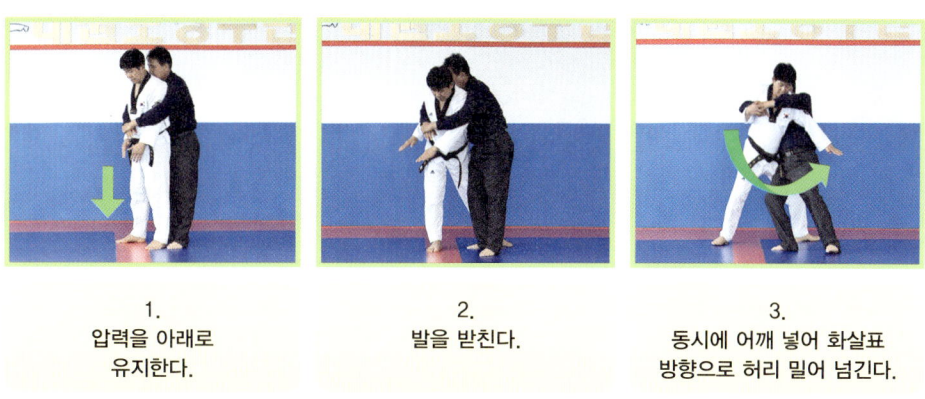

1. 압력을 아래로 유지한다.
2. 발을 받친다.
3. 동시에 어깨 넣어 화살표 방향으로 허리 밀어 넘긴다.

MOVEMENT (움직임 설명)

STEP 1   방어자는 화살표와 같이 지면으로 힘을 유지한다(두 발이 지면에서 들리면 안 된다).

STEP 2   방어자는 화살표 방향과 같이 한 발을 공격자의 뒷발에 붙인다.

STEP 3   방어자는 팔로 공격자의 몸통을 화살표 방향과 같이 뒤로 밀어 넘기며 풀려난다.

(2) 양손 맞잡아 풀려나기

1. 손으로 공간을 확보한다.
2. 확보된 공간에 손날 걸기
3. 손날을 맞잡는다. 이때 등을 편다.
4. 맞잡은 손과 등을 힘껏 밀어 풀려난다.

MOVEMENT(움직임 설명)

STEP 1 방어자는 양손 엄지로 공격자의 팔을 밀어 공간을 확보한다.
STEP 2 방어자는 몸을 틀며 확보된 공간으로 손날을 넣는다.
STEP 3 방어자는 공간으로 넣은 손날을 반대 손으로 마주 잡는다.
이때 허리를 최대한 곧게 펴서 공격자의 몸에 밀착시킨다.
STEP 4 공격자의 몸에 밀착시킨 방어자의 등을 강하게 뒤로 민다.
동시에 마주 잡은 양손은 앞으로 강하게 밀어 공격자가 감싸 잡고 있던 양손을 분리시키며 풀려나온다.

❿ 앞에서 안을 때

※ 몸통 감싸 잡혔을 때

1. 양 팔굽 관절 감싸 잡는다.
2. 목으로 상대 목 밀며 앉는다.
3. 상대방 중심을 틀어 넘긴다.

MOVEMENT(움직임 설명)

STEP 1 방어자는 공격자가 감싸 잡은 양팔을 밖에서 안으로 감싸 잡아 공격자의 양팔을 억제한다.

STEP 2 방어자는 머리를 공격자의 측면 머리에 밀착시키며 공격자가 감싸 잡고 있는 양팔에 압력을 주며 낮은 자세로 앉는다.

STEP 3 동시에 방어자는 측면으로 공격자의 중심을 틀어 넘기며 공격자가 잡고 있는 양팔을 감싸 잡아 억제한다.

Part 7
개입하기

Intervention

❶ 개입하기

※ 개입하는 단계는 매우 신속하고 안전하게 개입하여야 한다.

(1) 경고를 무시하고 계속 공격할 때

1.
접근하는 상대를
바탕손 밀어막기로 방어한다.

2.
계속 접근할 때 왼 손날 반대를
막으며 오른손은 화살표
방향으로 밀어 막는다.

3.
동시에 2번 사진과 같이 팔을
돌려 잡아 중팔 걸어
어깨를 밀어 반대 손 공격을
억제, 방어한다.

MOVEMENT (움직임 설명)

STEP 1 방어자는 공격자가 공격하려 할 때 바탕손을 밀어 막는다.

STEP 2 방어자는 공격하는 공격자의 팔을 손날 반대막기로 막는다.

STEP 3 방어자는 막은 왼팔을 돌려 겨드랑이로 공격자의 팔을 감싸 잡은 상태에서 방어자의 오른손은 직선 화살표 방향으로 공격자의 어깨를 밀어 제압하며 진정시킨다.

(2) 싸우려 할 때

1. 공격하려 할 때 측면 접근

2. 측면에서 신속히 접근

3. 팔을 뻗어 개입한다.

MOVEMENT(움직임 설명)

STEP 1 공격자가 옆 사람과 싸우려고 할 때 또는 싸울 때, 방어자는 측면에서 개입한다(개입 시 공격자를 우선 억제하여야 한다).

STEP 2 방어자는 측면에서 개입하여 공격자의 목으로 방어자의 팔을 뻗어 개입한다.

STEP 3 동시에 방어자의 반대 팔은 공격자의 목을 밀어 팔과 동시 제압하여 분리시킨다.

❷ 약간의 저항이 예상될 때

(1) 양손 잡아 이동
※ 대상자가 약간의 흥분상태 또는 저항이 예상될 때

1.
대상자의 오른팔을 바로잡는다.

2.
방어자는 대상자의 오른팔을 가슴 앞으로 당겨 대상자의 왼손을 억제한다.

MOVEMENT(움직임 설명)

STEP 1 방어자는 바로잡기로 대상자의 손을 잡는다.

STEP 2 방어자는 대상자의 잡은 오른손을 가슴 앞에 밀착시킨 다음 왼손으로 대상자의 왼손을 잡아 옆구리에 감싸 잡아 이동한다(방어자는 대상자의 머리와 간격을 유지한다).

제5장 상황별 기술구성

(2) 이동하지 않으려 할 때

※ 팔꿈치 걸어 이동

1.
방어자는 반대잡기 자세로
상대방 오른손을 눌러 잡는다.

2.
상대의 오른손을 가슴 앞으로
당겨 잡아 상대방 팔꿈치에
걸어 억제한다.

MOVEMENT (움직임 설명)

STEP 1 방어자는 오른손으로 대상자의 오른손을 눌러 잡는다.

STEP 2 방어자는 대상자의 오른손을 가슴 앞으로 올려 잡아 방어자의 왼손을 대상자의 팔꿈치 사이에 걸어 억제한다.

(3) 저항할 때

※ 양팔 등 뒤 제압

1.
뒤로 1보 슬림 이동하며
바탕손 밀어 막는다.

2.
앞으로 1보 이동하며
상대방의 저항하는 손을 잡는다.

3.
화살표 방향으로 회전하며
상대방 팔을 당겨 팔꿈치에
걸어 양팔을 제압한다.

MOVEMENT(움직임 설명)

STEP 1 방어자는 바탕손 밀어막기로 공격을 진정시킨다.

STEP 2 공격자가 계속 공격할 때, 방어자는 바탕손으로 밀어막으며 왼손으로 공격자의 오른 팔목을 잡는다.

STEP 3 동시에 방어자는 왼손으로 잡고 있던 공격자 오른 손목을 몸 쪽으로 당겨 사진과 같이 공격자의 오른 팔꿈치를 방어자의 오른팔 겨드랑이에 걸어 제압한다. 동시에 공격자의 왼손을 잡아당겨 방어자 오른손으로 바꿔 잡아 사진과 같이 공격자의 양팔을 오른손으로 억제한다.

❸ 의자 손잡이를 잡고 일어나지 않으려 할 때

※ 2인 1조(손잡이 양옆으로 동시 접근한다)

1.
의자 손잡이 잡고
놓지 않을 때

2.
손등을 손바닥 또는
중지권으로 눌러
손가락을 잡아 빼낸다.

3.
손잡이에서 빼낸 손 감싸 잡아
제압, 이동한다.

MOVEMENT (움직임 설명)

STEP 1 방어자는 의자 손잡이 옆으로 접근한다.

STEP 2 방어자는 저항하는 대상자의 손등을 방어자의 양 바탕손으로 누른다. 이때 저항하는 대상자의 손가락이 풀릴 정도의 힘(압력)으로 누른다.

STEP 3 엄지손가락부터 감싸 잡아 나머지 손가락을 감싸 잡으며 동시에 팔로 상대 팔을 겨드랑이 감싸 제압, 이동한다.

※ 손가락이 풀리지 않을 시 주먹으로 손등을 누른다.

❹ 침대에 눕지 않고 저항할 때

※ 주사거부(Refuse to Inject)

1.
측면으로 접근한다.

2.
오른손은 상대
목 위치에 놓는다.

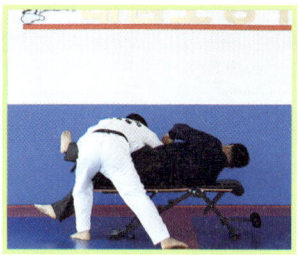
3.
왼손은 다리 사이로 넣어
일어서며 돌려 눕힌다.

MOVEMENT (움직임 설명)

STEP 1   방어자는 저항하는 대상자의 측면으로 접근한다.

STEP 2   저항하는 대상자의 옆에 앉으며 동시 방어자는 오른손으로 저항하는 대상자의 어깨 부위에 오른손을 밀착시킨다.

STEP 3   동시에 저항하는 대상자의 왼 다리 사이로 방어자의 왼팔을 넣어 순간 저항하는 대상자의 상체를 회전시켜 눕힌다.

❺ 누워 일어나지 않으려 할 때

※ 업무방해 및 이동거부 할 때

1.
머리 쪽으로 접근한다.

2.
팔을 잡고 반대 손은
잡은 팔 상박에 받친다.

3.
동시에 잡은 팔과
받쳐 잡은 팔을 돌려
포지션을 바꾼다.

MOVEMENT (움직임 설명)

STEP 1 누워 저항하는 대상자의 측면(머리)으로 이동한다.

STEP 2 방어자는 왼 무릎을 세워 대상자의 머리 위쪽으로 앉는다.
방어자는 대상자의 오른 손목을 잡고 왼손은 대상자의 오른팔 상박에 받쳐 손바닥은 바닥을 짚는다.

STEP 3 방어자는 바닥을 짚고 있던 왼손을 위로 밀고 오른손은 누르며 지렛대 원리를 이용하여 대상자의 오른팔 쪽으로 상체를 회전시키며 앞으로 엎드리게 한 상태에서 기도를 확보한 뒤 흥분이 낮추어질 때까지 기다려 준다.

❻ 앉은 채 땅바닥에 머리를 자해하려 할 때

※ 땅바닥에 머리와 손을 때릴 때

1.
등 뒤로 접근한다.

2.
등 뒤에서 양팔을 동시에 제압한다.

MOVEMENT(움직임 설명)

STEP 1 방어자는 대상자 측면으로 이동, 등 뒤로 접근한다.

STEP 2 방어자는 머리를 앉아 있는 대상자의 머리 측면에 밀착시킨 상태에서 양팔을 뒤에서 감싸 잡아 대상자의 행동을 멈추게 한다(머리가 움직이지 않게 밀착시킨다).

STEP 3 방어자는 대상자의 양팔을 감싸 잡은 상태로 안정을 취할 수 있게 기다려 준 뒤 이동 시 대상자의 뒤 혁대를 잡아 앞으로 중심을 밀면서 일으켜 세운다.

Part 8
2인 1조 팀 접근법

Team Approach

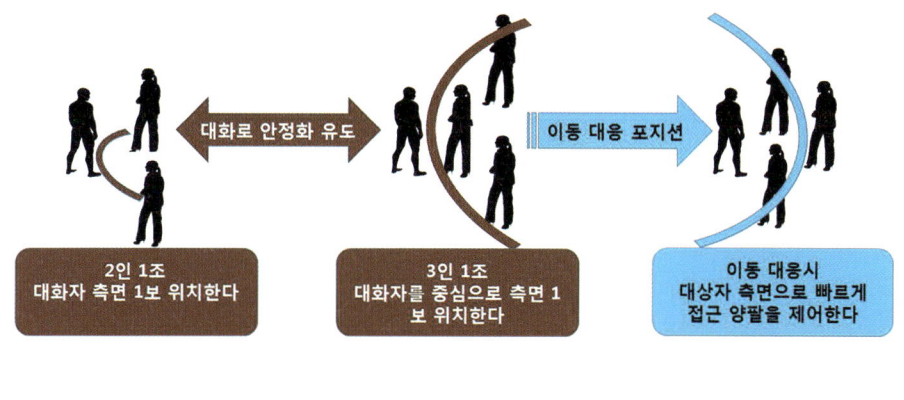

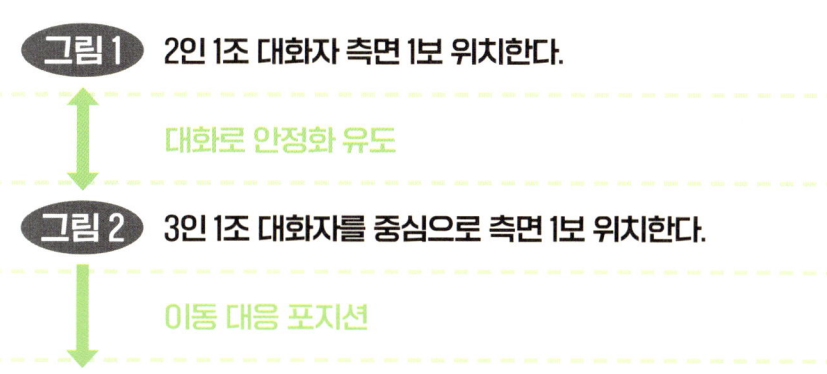

❶ 2인 1조 위기대응팀 접근 방법

(1) 팀 구성: 2인 1조/3인 1조/4인 1조
(2) (그림 1) 2인 1조 접근: 팀 리더가 대상자의 정면 또는 측면에 위치하여 대화를

유도한다. 이때 팀원은 약 1보 유지한 상태로 측면(좌, 우)에서 지원한다.

(3) (그림 2) 3인 1조 접근: 팀 리더가 앞에서 대화로써 안정을 유도한다. 팀원은 팀 리더의 뒤로 약 1보 유지하며 좌, 우측에서 지원한다. 이때 팀원은 대화에 개입하거나 자극시키는 행동을 해서는 안 된다. 모든 대화의 노력과 물리력 제어치료 결정은 팀 리더가 결정한다(긴급 상황일 때는 선제적 행동대응을 할 수 있다).

(4) (그림 3) 팀 리더의 결정이 떨어지면 그림 2번과 반대 대형으로 신속하게 대상자 옆으로 밀착 접근, 대상자의 양팔을 제어하여야 한다. 이때 대상자가 저항하는 힘의 강도에 맞게 힘을 사용하여 억제, 이동하여야 한다.

❷ 앉은 채 이동하지 않으려 저항할 때

※ 엇걸어 이동하기

1. 측면으로 접근한다.

2. 팔을 잡아 반대 손 엇걸어 잡는다.

3. 엇걸어 잡은 팔을 당기며 일어선다.

MOVEMENT (움직임 설명)

STEP 1   팀원 1, 팀원 2는 앉아서 저항하는 대상자의 좌우 측면으로 이동, 접근한다.

STEP 2   팀원 1, 팀원 2는 앉아 있는 대상자 팔을 엇걸어 잡는다.

STEP 3   팀원은 엇걸어 잡은 상태에서 지렛대 원리를 이용, 저항하는 대상자의 중심을 앞으로 밀면서 일어선다.

❸ 누운 채 저항할 때

※ 엇걸어 이동하기('❷ 앉은 채 이동하지 않으려 저항할 때'를 참조한다)

1.
머리 측면으로 접근하여
상대방 팔을 잡는다.

2.
엇걸어 잡아
앞으로 밀어 앉게 한다.

3.
엇걸어 잡은 팔을
앞으로 밀며 일어선다.

MOVEMENT(움직임 설명)

STEP 1 팀원 1, 2는 누워서 저항하는 대상자의 측면(머리)으로 접근하여 대상자의 팔을 잡는 동시에 팀원은 서로 팔을 엇걸어 잡는다.

STEP 2 팀원은 엇걸어 잡은 팔을 지렛대 원리를 이용하여 누워 있는 대상자를 일으켜 앉게 한다.

STEP 3 '❷ 앉은 채 이동하지 않으려 저항할 때'와 동일한 방법으로 대상자의 중심을 앞으로 밀며 일으켜 세운다.

❹ 접근하여 억제하는 방법

※ '접근법'과 '개입하기' 동작을 숙달하여야 한다.

접근 방법 1.

1.
대상자가 불안하지 않도록
대화를 유도한다.

2.
개입하기와 접근법을
응용하여 과감하고 빠르게
접근한다.

3.
양팔 잡기/중팔 걸어 잡기/
손목 잡기/손목 걸어 잡기/
중팔 어깨 걸기/엇걸어 잡기 등
응용한다.

MOVEMENT (움직임 설명)

STEP 1 팀원 1, 팀원 2는 대상자 측면으로 접근한다.

STEP 2 팀원 1, 2는 대상자가 저항하려 할 때 화살표와 같이 동시에 빠르고 신속하게 저항하는 대상자 겨드랑이로 팔을 밀어 넣는다.

STEP 3 팀원은 저항하는 대상자의 몸에 밀착시키며 양손 잡아 억제한다.

접근 방법 2.

1.
측면으로 접근,
대화를 유도한다.

2.
측면으로 접근, 팔을 잡아
목 밀어 제어한다.

3.
화살표 방향으로 몸을 틀어
팔 잡아 제압, 이동한다.

MOVEMENT(움직임 설명)

STEP 1 팀원 1, 팀원 2는 대상자 측면으로 접근한다.

STEP 2 팀원 1은 신속하게 화살표 방향으로 접근하여 대상자의 한쪽 팔을 잡고 목을 제어한다.

STEP 3 팀원 2는 우측에서 화살표 방향으로 신속하게 지원하여 양팔잡기로 억제할 때 팀원 1도 양팔잡기로 전환한다.

Part 9

2인 1조
팀 억제 이동

Inhibitory Movement

Transition And Lifts(장소전환 및 이동)
※ Part 7. 개입하기와 Part 8. 접근법을 응용, 접근한다.

● 2인 1조 팀 억제 이동(필수 6동작)

※ 접근법 응용한 억제동작 6개 변화 과정

1. 팀 접근법을 응용하여 접근, 대화를 유도한다.

2. 개입하기와 접근법을 응용하여 사진 3번과 같이 6개 동작을 수행한다.

3.
① 양팔 잡기 ② 중팔 걸어 잡기 ③ 손목 잡기
④ 손목 걸어 잡기 ⑤ 중팔 어깨 걸기 ⑥ 엇걸어 잡기

MOVEMENT(움직임 설명)

STEP 1 팀원은 개입하기와 접근법을 응용하여 접근한다.

STEP 2 팀원 1, 2는 화살표와 같이 상대방의 겨드랑이로 팀원의 팔을 넣어 양손으로 상대방의 팔을 감싸 잡는다.

STEP 3 팀원 1, 2는 접근법을 응용하여 사진 3과 같이 ① 양팔 잡기 ② 중팔 걸기 ③ 손목 잡기 ④ 손목 걸어 잡기 ⑤ 중팔 어깨 걸기 ⑥팔꿈치 엇걸어 잡기 6개 동작을 반복 숙달한다.

● 팀 억제 이동 - 필수 6동작

❶ 양팔 잡기

1.
양팔 잡기

2.
접근법을 이용,
신속하게 상대 양팔을 잡는다.

MOVEMENT(움직임 설명)

STEP 1   팀원은 접근법을 응용한다(팀 응용 6개 동작 사진 ① 참조).

STEP 2   팀원은 신속하게 접근하여 몸을 돌려 팔을 바꿔 잡아 겨드랑이 사이로 팔(상박)을 압박한 상태에서 손목을 잡아 억제한다.

※ 이때 팀원은 몸 전체를 상대방에 밀착시킨다. 머리는 좌·우측으로 간격을 벌려 머리 공격을 대비한다.

❷ 중팔 걸어 잡기

1.
중팔 걸어 잡기

2.
양팔 잡기 동작에서 상대가 저항할 때
한 팔을 상대 중팔에 걸어 억제한다.

MOVEMENT (움직임 설명)

STEP 1 저항이 심할 때(팀 응용 6개 동작 사진 ② 참조)

STEP 2 팀원은 빠르고 신속하게 원 표시와 같이 접근하여 대상자의 팔을 잡아 중팔 걸어 잡아 억제한다. 이때 상대방의 저항 정도에 따라 중팔을 제어하면서 이동한다.

※ 양팔 잡기로 이동 시 저항이 심할 때 중팔 걸어 잡기로 동작을 전환한다.

❸ 팔꿈치 당겨 '손목 잡기'

1.
손목 잡기

2.
중팔 걸어 잡기에서 상대가 이동에
순응할 때 손목 잡기로 바꾼다.

MOVEMENT(움직임 설명)

STEP 1   이동에 순응할 때(팀 응용 6개 동작 사진 ③ 참조)

STEP 2   사진 2와 같이 대상자의 팔꿈치를 팀원의 겨드랑이 사이로 당겨 밀착시켜 상대방의 손목을 잡아 억제한다.

STEP 3   이동 시 팀원의 머리는 상대방으로부터 공격을 받지 않을 정도로 좌·우측으로 간격을 유지한다.

❹ 손목 걸어 잡기

1.
손목 걸어 잡기

2.
손목 잡기 이동 시 손을 빼려 저항할 때
손목 걸어 잡기 동작으로 전환한다.

MOVEMENT (움직임 설명)

STEP 1 저항할 때(팀 응용 6개 동작 사진 ④참조)

STEP 2 사진 2 원 표시와 같은 손목 잡기 동작을 유지한 상태에서 팀원이 잡고 있던 한 손을 반대 손목에 걸어 잡아 대상자가 저항하지 못하도록 팔꿈치와 팔을 억제한 상태에서 손목 걸어 제압한다(사진 원 참조).

STEP 3 팀원의 머리는 대상자로부터 공격을 받지 않도록 좌측으로 간격을 유지해야 한다.

❺ 중팔 어깨 걸어 잡기

1.
중팔 어깨 걸기

2.
손목 잡기로 이동 시 저항이 심할 때
중팔 어깨 걸이 동작으로 전환한다.

MOVEMENT (움직임 설명)

STEP 1   저항이 심할 때(팀 응용 6개 동작 사진 ⑤ 참조)

STEP 2   사진 2와 같이 팀원 1, 2의 어깨를 걸어 대상자의 겨드랑이에 팔을 억제한다(사진 원 표시 참조).

STEP 3   팀원의 머리는 대상자로부터 공격을 받지 않을 정도로 좌·우측으로 간격을 유지해야 한다.

(키가 작은 사람은 어깨 걸기 동작을 숙달한다)

❻ 양팔 '엇걸어 잡기'

1.
팔꿈치 엇걸어 잡기

2.
중팔 어깨 걸기 이동 시 또는
키가 크거나 저항이 심할 때
팔꿈치 엇걸어 이동한다.

MOVEMENT(움직임 설명)

STEP 1 신장 차이가 날 때(팀 응용 6개 동작 사진 ⑥ 참조)

STEP 2 사진 ⑤번 동작을 유지한 상태에서 팀원의 양 팔꿈치를 엇걸어 당긴 상태에 대상자의 팔을 억제한다.

(사진 원 표시 참조)

STEP 3 팀원의 머리는 상대방으로부터 공격을 받지 않도록 좌·우측으로 간격을 유지한다.

(키가 작은 사람은 어깨 엇걸기 동작을 숙달한다)

Part 10

특수상황

A Special Situation

❶ 넘어졌을 때

1.
발로 방어 공격자 움직임에 따라 회전한다.

2.
잡으려 할 때 발로 공격한다.

MOVEMENT (움직임 설명)

STEP 1 방어자는 누운 자세로 머리를 들어 공격자의 동작을 주시하며 한쪽 발을 들어 상대방의 공격 방향 쪽으로 방어한다.

STEP 2 상대방이 공격할 때 발로 급소를 타격하거나 강하게 밀어낸다.

STEP 3 방어자는 일어날 때 지면에 대고 있던 발 쪽으로 몸을 순간 틀어 상체를 뒤로 슬립(Sleep) 이동 하며 발을 신속하게 몸 쪽으로 당겨 일어선다.

❷ 목 조를 때

1.
상대 중심이
머리 방향으로 이동

2.
상대 팔을 당겨
중심이 머리 방향

3.
브릿지 동작과 함께
몸 들어 넘긴다.

MOVEMENT (움직임 설명)

STEP 1   방어자는 누워 있는 상태에서 양발을 최대한 엉덩이 쪽으로 당긴다.

STEP 2   방어자는 공격자가 공격할 때 순간 양팔을 강하게 누르며 동시 발뒤꿈치를 들어 허리를 틀며(브릿지 동작) 빠져나온다.

STEP 3   방어자는 양발을 최대한 몸 쪽으로 당겨, 지면 반발력을 이용한다.

❸ 흉기로 정면 공격할 때

1.
빠르게 뒤로 이동한다.

2.
빠르게 뒤로 이동과 동시
엇걸어 막는다.

3.
몸을 돌려 흉기 든 손과 팔을
억제한다.

MOVEMENT (움직임 설명)

STEP 1   흉기를 든 상황에서는 그 자리를 피하거나 방어할 수 있는 물건을 소지 하여야 한다.

STEP 2   공격자와 근접거리에서 피할 수 없는 불가피한 상황일 때, 찌르려는 순간 엇걸어 막기로 막아 피해를 최소화한다.

STEP 3   방어자는 엇걸어 막은 팔을 화살표 방향으로 회전하며 칼끝이 몸을 벗어난 상태로 흉기 잡은 팔을 강하게 감싸 잡아 압박, 제압한다.

❹ 흉기(위험한 물건)로 정면에서 내려칠 때

※ 피할 수 없는 공간에서 흉기로 내려칠 때

1.
공격자 몸 쪽에 밀고
들어가면서
얼굴 비켜막는다
(공간을 주지 않는다).

2.
동시에 흉기 든 팔을
뒤로 빼지 못하게 왼손으로
걸어 막는다.
오른발 뒤로 이동한다.

3.
오른발을 뒤로 이동시키며
오른손 흉기는 팔 제압과
동시에 걸었던 왼팔로
목을 제압한다.

MOVEMENT (움직임 설명)

STEP 1 방어자는 바탕손 밀어막기 자세에서 머리를 측면으로 피하며 오른팔로 흉기로 내려치는 팔목을 막아준다. 이때 방어자는 머리가 맞지 않도록 사선(빗각)으로 막는다.

STEP 2 방어자는 측면으로 빠르게 이동하며 흉기 든 팔을 빼지 못하도록 방어자의 왼팔로 흉기 든 팔꿈치를 눌러 막는다.

STEP 3 방어자는 빠르게 측면으로 밀고 들어가 오른팔로 흉기 든 팔을 잡아 제압하고, 동시에 왼팔로 공격자의 목을 밀어 억제한다.

❺ 흉기로 측면 공격할 때

※ 피하거나 방어할 도구가 없을 때

1.
흉기를 좌측으로 옮겨 휘두르려 할 때 빠르게 이동할 준비를 한다.

2.
휘두르려는 순간 왼발 빠르게 이동과 동시 흉기 든 팔 양손으로 잡아 제압한다.

3.
빠르게 오른발을 뒤로 끌어 묻이며 흉기 든 팔 오른손으로 제압, 왼팔은 목 밀어 제압한다.

MOVEMENT (움직임 설명)

STEP 1 방어자는 바탕손 밀어막기 자세를 유지한다.

STEP 2 공격자가 흉기를 측면에서 휘두르는 순간 공격자의 측면으로 이동하며 흉기 든 팔을 방어자의 양손으로 잡아 밀어 막는다.

STEP 3 동시에 방어자는 공격자 측면으로 신속하게 이동하여 흉기 든 팔과 목을 억제한다.

수집자료 및 참고문헌

- 《태권도 품새 교본》, 국기원 저, 오성출판사

- 《2014 대한민국경찰태권도 광주전남 협회 연수 자료집》, 김용갑 저

- 〈경찰체포술에 관한 연구〉(자료출처: http://www.ALLReport.co.kr/search/Detail.asp?)

- 〈발달장애 공격행동 중재 전문가 양성방안〉, 보건복지부

- 미국 마커스 자폐센터(Marcus Autism Center), 미국 레디

- 어린이병원 자폐 연구소/홈페이지: http://www.marcus.org, https://www.autismservices@rchsd.org

- 〈캐나다 온타리오주, 특수교육지원 확대〉, 교육정책네트워크 정보센터

부록

전국 병원 의료인 대상
안정화 신체기술 강의 세미나 및
자격증 취득 과정

전국 병원 강의(모음 사진)

국립병원 및 전국의료인 대상 신체기술 안정화 기법 강의
Nationwide Lectures

- 광주 성요한병원, ■ 충남 공주국립병원, ■ 지역보호센터(서울사이버대학강당)
- 서울정신보건센터, ■ 서울이음병원, ■ 추계정신보건학술세미나(대구)
- 대한간호사협회(고려대학교 세미나실), ■ 추계학술대회(국립건강센터)
- 아주대학병원, ■ 서울 국립 M센터, ■ 부산병원, ■ 용인병원
- 천주교센터, ■ 제주도 연강병원, ■ 부곡 국립병원, ■ 나주 국립병원

세미나 및 자격증 취득 과정 안내

1) 대한 위기대응 안전관리사 교육협회 KCRSMA란?

단체명은 대한 위기대응 안전관리사 교육협회이다. 본 협회에서 주관하는 이론과 실기 시험을 통해 위기대응 안전관리사 자격증 3급, 2급, 1급을 취득할 수 있다.

Korea Crisis Response Safety Management an educational Association(Defense) 프로그램은 **대한민국 국기인 태권도**를 토대로 경찰관으로 근무할 당시 실제 위기 현장에서 체득한 신체기술을 상황별로 정리한 위기상황 행동대응 중재 프로그램이다. 예상치 못한 공격적 행동에 의한 부상을 최소화하기 위한 전략 중에 하나로 호신 체포술을 지도한 경찰무도사범 김용갑에 의해 위기상황에 맞게 개발된 '행동대응 매뉴얼(Action Response Manual for Crisis Situations)' 프로그램이다.

2) 교육구성 요소(Training Components)

교육은 ① 기본동작 ② 자기방어기술(Self-Defense) ③ 상황별 공격대응 ④ 개입하기 ⑤ 팀 훈련(Team Training) ⑥ 특수상황 대처기술로 구성되어

세미나 및 자격증 취득 과정 안내

있으며 단계별 훈련을 통해 상황별 위기상황에 맞는 신체기법을 통해 대상자의 안전을 확보한 상태에서 억제, 이동할 수 있는 데 필요한 신체기술을 습득하도록 설계되어 있다(제5장 기술구성표 참조).

1) 교육모듈(Training Modules)

- Certificate 자격 구분은 3급, 2급, 1급으로 구분된다. 강사 인증 자격은 3급부터 가능하다.
- 교육 참여자는 강사의 교육에 따라 동작 과정을 구현할 수 있지만 다른 개인을 훈련시킬 자격은 없다.
- 강사 – 회사(병원) 또는 시설 내에서 교육할 수 있다.

2) 교육단계(Training Tiers)

- 기초단계부터 교육이 진행된다.

   1. 거리 유지 · 방어 훈련 과정
   2. 자기방어(Self-Defense) 과정

세미나 및 자격증 취득 과정 안내

3. 상황별 행동대응 기법 과정
   ① 팀 접근법: 2인 1조/3인 1조 억제기법
   ② 팀 억제·이동 기법: 필수 6개 동작
   ③ 특수상황 대처법: 흉기 대처법

3) 교육 참가대상(Training Participants)

○ 위기상황 행동대응 프로그램은 다음 사람들에게 가장 적합하다.

응급실 직원, 정신보건 영역 근무 의료인, 119응급구조사
특수학교 교사, 행동치료사, 민원부서 근무자
환자주거시설, 그룹홈 또는 낮 병동 등에 근무하는 치료사
경찰관, 신변보호사, 경호·경비원, 청원경찰, 특사경,
사회복지사, 보호사, 일반인, 체육관 사범, 스포츠안전관리사

4) 교육장소(Training Locations)

○ 교육장소는 체육관, 강당, 회의실 등에서 진행한다.
○ 교육 세미나는 매월 모집하여 진행한다.

세미나 및 자격증 취득 과정 안내

5) 교육형식(Training Format)

- 실제 위기상황에서 자신의 안전과 대상자의 안전을 확보할 수 있는 기술을 전문 트레이너의 실기 강의로 진행한다.
- KASMTCR-D 자격증 취득을 위해서는 필기 100점 만점에 60점 이상, 실기 100점 만점에(선택 동작과 지정동작) 60점 이상자를 합격으로 한다.
- 교육 이수자에게는 수료증 발행/이론, 실기 합격자에게는 자격증 발행

6) 자격 취득 후 과정(Professional License)

- 실기시험 통과자에게는 Certificate 3급을 부여한다.
- Certified Trainer 3급은 강사 자격을 갖는다. 2인 이상 팀의 팀장 역할을 담당할 수 있다. 향후 강의내용의 범위와 적정성 판단을 위해 강의할 내용과 자료를 마스터(자격증 승인관)와 공유해야 한다.

세미나 및 자격증 취득 과정 안내

세미나 교육 및 자격증 취득 과정 문의

- **Instagram**: 큐알코드
- **E-mail**: ekwkqdk5331@naver.com
- **네이버**: 태권도 상무관 홈페이지
- **Mobile**: 010 – 3624 – 1225

  대한 위기대응 안전관리사 교육협회

GIMYONGGAB12

촬영 참여자

촬영에 참여한 사람

저자 김용갑/상무관 사범 박시후/유단자 정동영/이하윤/박제민/촬영 박재일

화가 송광무(무형문화재 제21호)

自利利他
자리이타